臺灣歷史與文化研究輯刊

二 編

第 5 冊

臺灣清治末期散文中的文化論述研究
（1871～1895）

楊 書 瑋 著

花木蘭文化出版社

國家圖書館出版品預行編目資料

臺灣清治末期散文中的文化論述研究（1871～1895）／楊書瑋
著 — 初版 — 新北市：花木蘭文化出版社，2013〔民 102〕
目 4+142 面：19×26 公分
（臺灣歷史與文化研究輯刊 二編：第 5 冊）
ISBN：978-986-322-229-3（精裝）
1. 散文　2. 臺灣文學　3. 文學評論
733.08　　　　　　　　　　　　　　　　　102002843

ISBN-978-986-322-229-3

臺灣歷史與文化研究輯刊
二 編　第 五 冊　　　　ISBN：978-986-322-229-3

臺灣清治末期散文中的文化論述研究（1871～1895）

作　　者　楊書瑋
總 編 輯　杜潔祥
出　　版　花木蘭文化出版社
發 行 所　花木蘭文化出版社
發 行 人　高小娟
聯絡地址　235 新北市中和區中安街七二號十三樓
　　　　　電話：02-2923-1455／傳真：02-2923-1452
網　　址　http://www.huamulan.tw 信箱 sut81518@gmail.com
印　　刷　普羅文化出版廣告事業
初　　版　2013 年 3 月
定　　價　二編　28 冊（精裝）新臺幣 56,000 元

臺灣清治末期散文中的文化論述研究

（1871～1895）

楊書瑋　著

作者簡介

楊書瑋，臺北人，1983 年生，先後畢業於政治大學中國文學系、臺灣師範大學臺灣文化及語言文學研究所碩士班。曾發表〈權力運作下的都市計畫——以大龍峒文化園區為例〉。

提　　要

　　清帝國統治臺灣逾二百年。其中在清治末期時，列強對臺灣之覬覦與侵擾的情形愈加劇烈，而這也使得清廷對臺灣的治理政策有所轉變；此外，臺灣與國際之間的貿易也愈趨頻繁。由於這樣的變動與背景，使得清治末期在臺灣歷史上有其重要性與特殊性，所以本文以此一時期的臺灣散文作為研究素材，探討其中的文化論述。而本文所探討之文化論述，主要聚焦在三個主題：政治與教育、產業經濟，以及民情風俗。在政治與教育方面，當時的論述主要著重在臺灣地位與對外關係、洋務運動，以及教育等議題之探討。而在產業經濟方面，當時的散文所探討之議題包括自然資源、國際貿易，以及財政制度等面向之議論。至於民情風俗方面，當時的散文主要是民間信仰、生命禮俗與歲時節令，以及生活習俗等三方面的書寫。

　　透過上述三大主題的探討，本文發現在臺灣清治末期的散文中，清末的文人作家大多是以帝國之眼的觀看視角，來看待臺灣的政治經濟與民俗文化；而且散文中充斥著正／反之二元對立的論述模式。不過，散文中也呈現出初具現代性的社會圖像。

目

次

第一章　緒　論

　　文學是表達文化的一環。而文學作品除了從美學層面探討外，換個角度看，文學作品其實也是歷史與文化的研究材料。所以本文即藉由台灣清治末期的散文，來探討當時的文人對於政治、經濟與民俗等方面的文化論述。

第一節　研究動機、目的與問題意識

一、研究動機與目的

　　近年來，隨著台灣文學相關系所的成立，愈來愈多的人投入台灣文學研究之列。但是相對而言，在台灣文學研究的領域，投入現代文學的研究者，比起投入古典文學者爲多。正如許俊雅教授所觀察的，台灣古典文學的研究雖起步較早，但「仍要到 90 年代中投入的人力才漸多」﹝註1﹞。而在台灣古典文學的研究領域，相對來說又以詩的研究（包括詩社、詩人的研究）爲主流。

　　散文與詩的文體有別。相較來說，散文可書寫的面向較廣。然而，目前台灣古典散文的研究成果卻相對有限。這樣的現象，難道僅是因爲台灣古典文學中以詩爲多嗎？目前台灣的古典詩已有相關學者進行搜集、整理，並已有部分的成果（《全臺詩》）出版。而散文方面，除了先前已出版的台灣銀行經濟研究室之《台灣文獻叢刊》，以及龍文出版社之《台灣先賢詩文集彙刊》外，目前《全臺文》也已有人整理、出版了。此外，台灣各地的文化局、文

﹝註1﹞許俊雅：〈回顧與前瞻——近二十年來臺灣古典文學研究述評〉，《漢學研究通訊》25 卷 4 期（2006 年 11 月），頁 33。

化中心或國史館，也有出版一些文集，像是《林維朝詩文集》〔註2〕。隨著這些文集的整理與出版，勢必將有愈來愈多的人投入古典散文的研究領域，來填補此一學術空白。因此，筆者希望在前人相關的研究基礎上，盡一己之力填補台灣古典散文的學術空白。

此外，清治時期的古典散文中，仍有一些議題之學術空白可加以填補。像是現今研究日治時期者較多，連帶地對於日本帶來的現代化也有較多探討。但是，清帝國在統治台灣期間，其實就已為台灣帶來現代化的建設（當時稱為「洋務運動」）。然而，此一部分目前相對來說較少人著墨，因此值得再加以探討。還有，清治末期時，有不少的外國人曾到過台灣，他們也有留下遊記、日記、書信等。雖然他們並非以漢文書寫，但是他們的作品也應算是台灣文學的一部分。所以，這些作品也可以與以漢文書寫的古典散文，相互比較、探討。

再者，正如林淑慧所觀察的，「台灣清治時期散文的題材多敘述文化現象或社會議題，呈現出文學與文化之間的密切關聯」〔註3〕。身為台灣人，應該要瞭解台灣的歷史與文化。既然台灣清治時期的散文與文化之間有密切關聯，那麼，這些散文就可以幫助我們瞭解自身的文化。雖然清治時期散文中所反映的，是當時的文化，但這並不表示這些文化到了當代已全然消逝。即使是已消逝的文化，也不表示不值得去瞭解。如同施懿琳教授所言，「逝去的並不即是代表僵化與死亡。我們依舊可以將它還原到原有的歷史時空，讓它活出生命來」〔註4〕。因此，「過去」也有助於我們瞭解「現在」。

另外，清治時期的文人大多為遊宦官員或台灣在地的士紳階級，少數為外國人。透過他們的論述，對於我們瞭解台灣文化也有所助益。例如，台灣文化與中國文化皆包含漢文化的元素，透過清治時期來台的遊宦官員對台灣文化的觀察與評論，有助於我們比較台灣文化及中國文化中漢文化的異同。而透過外國人對於外國文化與台灣文化的差異之觀察，也能夠藉此瞭解台灣自身的文化。因此，筆者寫作本文的另一目的，是希望在探討清治末期的散文後，藉由那些散文作者的觀點，來瞭解台灣當時的歷史與文化。

〔註2〕 林維朝著，陳素雲主編：《林維朝詩文集》（台北：國史館，2006）。
〔註3〕 林淑慧：《台灣清治時期散文的文化軌跡》（台北：台灣學生，2007），頁1。
〔註4〕 施懿琳：《清代臺灣詩所反映的漢人社會》（台北：臺灣師範大學國文研究所博士論文，1991），頁7。

二、問題意識

　　本文欲藉由閱讀與分析台灣清治末期散文中的論述，來探討以下的問題：台灣清治末期，在政治、對外關係、經濟……等許多面向上，皆有所改變。對於這些改變，當時的散文書寫者有何議論？而他們是以什麼樣的觀點來思考？此外，1871～1895 年是清帝國統治台灣的末期，同時其在中國大陸的政權也即將滅亡。那麼，從台灣清治末期的散文中，是否也可以看出清帝國將衰亡的徵兆？

　　對於清帝國在台灣的現代化建設（洋務運動），文人們又有何看法與評論？而清治末期的台灣風俗，對於文人們來說，是否有特殊性？這些文人們觀察、記錄了哪些台灣風俗的面向？此外，對於台灣風俗，他們有何比較與評論？以及他們為什麼會作那些的比較與評論？

第二節　相關名詞定義與研究範圍

一、相關名詞定義

（一）清治末期

　　歷來對於清治末期有多種的斷限方式。例如林淑慧在其《台灣清治時期散文的文化軌跡》一書中，將清治後期界定為 1867～1895 年。〔註5〕這樣的斷限，有其用意。由於該書所探討之清治後期散文，主要為時事議論的書寫，故以 1867 年美國船羅發號（Rover）事件之發生，為清治後期之起始。而張世賢則將清治末期界定為同治 13 年至光緒 21 年（1874～1895 年）。〔註6〕張世賢如此斷限的用意，是因為他要探討晚清的治台政策，故以影響治台政策較為深遠、牡丹社事件中日本出兵台灣之 1874 年，為清治末期之起始年。

　　雖然羅發號事件與牡丹社事件皆為國際事件，但筆者考量牡丹社事件對台灣的影響較為重大且深遠，故不以羅發號事件之發生為清治末期之起始年。另外，筆者又考量日本雖然於 1874 年出兵台灣，但此一事件是肇因於 1871 年琉球船員之遇害，也就是若無 1871 年之事件，則無其後 1874 年之出兵台灣。故本文將清治末期之斷限，界定為 1871～1895 年。

〔註5〕林淑慧：《台灣清治時期散文的文化軌跡》，頁 34。
〔註6〕張世賢：〈前言〉，《晚清治臺政策：同治十三年至光緒二十一年》（台北：東吳大學中國學術著作獎助委員會，1978），頁 1。

（二）散文

散文（prose），傳統上或簡稱文。就廣義而言，是指和韻文、駢文等相對的散行文體。就此定義來看，則雜文、碑碣、書信、日記……等，皆為散文的範疇。而狹義的散文，則僅包括文學性的散行文體而已。

筆者對於散文，是採取廣義的定義。而《全臺文》對於「文」也是採取廣義的定義，並以姚鼐《古文辭類纂》中的文類（論辨、序跋、奏議、傳狀、碑誌、雜記、辭賦、哀祭）為選文準則。〔註7〕因此，筆者在廣義的散文定義下，亦參照《全臺文》的取材標準，來選擇散文文本。

（三）文化論述

文化（culture）一詞，向來有許多不同的解釋。例如，Chris Jenks 以四個範疇，來說明文化的概念。他認為文化是一普遍心態，是代表社會中知識與／或道德發展的狀態，是社會中藝術與智識作品的集合體，以及是一民族的整體生活方式。〔註8〕而 Carol R. Ember 及 Melvin Ember 認為，文化是「一特定人口或社群思考及行為的慣常方式」〔註9〕。因此，文化包括語言、宗教信仰、食物偏好、音樂、性別角色……等，以及物質文化，如房屋、樂器、工具……等。所以，文化的範疇是極為廣闊的。雖然各家對文化的定義有些許差異，但仍不脫一大致的範疇。李亦園先生將之歸納為三大部分：物質（技術）文化、社群（倫理）文化，以及精神（表達）文化。〔註10〕而筆者亦採取上述廣義的文化定義。

而論述（discourse）原先是用以指涉言談的形式，但在當代，論述是指某種社會知識的特殊領域。也就是說「論述」是一種陳述的系統，藉由這種方式，社會的現實世界可以被世人瞭解、應用且運作，並進一步形成主體與客體間的權力關係。所以，人們可以透過「論述」自身，來認知世界並生產意義，進而形成一種隱藏在人際間的權力網絡。亦即論述是透過說與聽的方式，使讀者與作者之間產生自我瞭解的意識與可能，並形成彼此的互動與關係，進而建構其不同的主體性。〔註11〕

〔註7〕 黃哲永、吳福助主編：《全臺文（第一冊）》（台中：文听閣圖書，2007），頁12。
〔註8〕 Chris Jenks 著，王淑燕、陳光達、俞智敏譯：《文化》（台北：巨流，1998），頁23～25。
〔註9〕 Carol R. Ember and Melvin Ember，*Cultural Anthropology*，12th ed.（New Jersey：Pearson Education Inc.，2007），p. 6.
〔註10〕 李亦園：《田野圖像：我的人類學生涯》（台北：立緒文化，1999），頁72～74。
〔註11〕 廖炳惠：《關鍵詞200：文學與批評研究的通用詞彙編》（台北：麥田，2003），頁85。

　　目前學術界涉及文化論述的討論範疇，有族群認同、視覺文化、文化政策、倫理價值、審美意識、風俗、禮儀、文教、政治、經濟……等眾多面向。但由於筆者無法兼顧各個文化論述的面向，故本文所探討之文化論述，僅涵蓋政治、教育、產業、經濟，以及風俗等面向。

二、研究範圍

　　本文雖採取廣義的散文定義，且將小說排除，但在選擇文本時，亦參考了《全臺文》的取捨方式，再將方志中藝文志以外的門類排除，而僅選擇文集、奏議文與雜記文等類別。〔註12〕

　　在時間上，筆者鎖定在清治末期（1871～1895年），亦即從牡丹社事件發生，到乙未割台為止。之所以鎖定此一時期，是因為台灣在清治末期不論內政、對外關係，或產業經濟等許多面向，皆有所改變。這些改變，往往成為文人書寫、議論的對象。此外，陳其南提出「土著化」（indigenization）的理論。他指出台灣到了清末時期，漢人的社會意識已逐漸拋棄祖籍觀念，而以現居的聚落組織為其主要的生活單位。也就是社會群體構成的認同意識之轉變，使得台灣由「移民社會」（immigrant society）轉型為「土著社會」（native society）。〔註13〕因此，清治末期的台灣風俗相較於清國內地，有其特殊性。由於此一時期在台灣歷史上有其重要性與特殊性，是以筆者選擇清治末期（1871～1895年）的散文為探討對象。

　　本文的研究素材如表1－1所列。筆者將以下表所列之文本，來探討其中的文化論述。

〔註12〕《全臺文》文本的取捨標準，可參見黃哲永、吳福助主編：《全臺文（第一冊）》，頁11～13。
〔註13〕陳其南：《臺灣的傳統中國社會》（台北：允晨，1989），頁155～159。

表1-1 本文探討之台灣清治末期散文一覽表（1871～1895）〔註14〕

作　　者	籍　　貫	身　分〔註15〕	作品名稱	作品年代
丁紹儀（字杏舲）	江蘇無錫	官員（佐臺灣道）	《東瀛識略》	1873 年
史久龍（字蓮蓀，別號姚江藕中人）	浙江餘姚	官員（奉派辦理滬尾鹽務、埔里集集街腦務局）	《憶臺雜記》	1896 年〔註16〕
池志澂（臥廬先生）	浙江	文人	《全臺遊記》	1894 年
李春生	福建廈門（台灣〔註17〕）	買辦（曾任台北築城委員）	《主津新集》	1894 年
沈葆楨（字翰宇，一字幼丹）	福州	官員（江西九江知府、江西巡撫、總理船政大臣、巡視台灣處理牡丹社事件兼辦各國通商事物、兩江總督兼通商大臣）	《福建臺灣奏摺》	1880 年
吳子光（原名儒，字士興，號芸閣，別署雲壑，晚號鐵梅老人或鐵梅道人）	廣東嘉應白渡鄉	文人（舉人）	《一肚皮集》	1875 年

〔註14〕 資料來源：林淑慧：《台灣清治時期散文的文化軌跡》，附錄一、二，頁 429
～456；楊永智：《晚清臺南刻書研究》（台中：東海大學中文所碩士論文，
2001），頁 146～151；黃哲永、吳福助主編：《全臺文》；許雪姬總策畫：《臺
灣歷史辭典》（台北：文建會，2004）；費德廉、羅效德編譯：《看見十九世紀
臺灣──十四位西方旅行者的福爾摩沙故事》（台北：如果出版社、大雁文化，
2006）。

〔註15〕 本表所列之作者，基本上皆是文人或知識分子，但該作者若有其他特殊身分，
如官員、宣教士等，則只列出其特殊身分，而不再列文人或知識分子之身分。
此外，若作者的生卒年跨越清治時期與日治時期，則只列出其清治時期之身
分。

〔註16〕 林淑慧於《台灣清治時期散文的文化軌跡》一書之附錄二，將史久龍《憶臺
雜記》之成書年代列為光緒 21 年（1895 年）。林淑慧：《台灣清治時期散文的
文化軌跡》，頁 455。但根據史久龍《憶臺雜記》之自序寫說「光緒龍飛二十
有二年」（1896 年），故其成書年代應以光緒 22 年（1896 年）為是。史久龍：
《憶臺雜記》（方豪重抄本，1996），頁 5 左。

〔註17〕 李春生雖然原籍為廈門，但是其大半輩子皆住在台灣，也可算是台灣人。

作 者	籍 貫	身 分〔註15〕	作品名稱	作品年代
吳德功（字汝能，號立軒）	彰化	文人（補博士弟子員、膺歲貢）	《施案紀略》	1893 年
林豪（字嘉卓、卓人，號次逋）	金門後浦	文人（舉人）	《東瀛紀事》	1880 年
洪棄生（本名攀桂，學名一枝，字月樵。後改名為繻，字棄生）	彰化鹿港	文人	《寄鶴齋古文集》	1893 年〔註18〕
胡傳（字鐵花，又字守三，號鈍夫）	安徽績溪	官員（全臺營務處總巡、臺南鹽務總局提調、臺東直隸州知州兼統領鎮海後軍各營屯）	《臺灣日記與稟啓》	1895 年
施士洁（名應嘉，字澐舫，號芸況，又號喆園、楞香行者、鯤瀛棄甿，晚號耐公，或署定慧老人）〔註19〕	台南安平	文人（進士）	〈臺澎海東書院課選序〉	1889 年
唐贊袞〔註20〕（字韡之）	湖南善化	官員（臺澎道兼按察使、台南府知府）	《臺陽見聞錄》	1892 年
蔣師轍（字紹由、少穎，號遯庵）	江蘇上元	官員（襄校台南試務、無爲州知州）	《臺游日記》	1891 年

〔註18〕洪棄生《寄鶴齋古文集》之內容，包含了《寄鶴齋臺郡觀風稿》及《寄鶴齋觀風稿》，而此處《寄鶴齋古文集》之年代，是以《寄鶴齋臺郡觀風稿》之1893年爲代表。

〔註19〕關於施士洁之名、字、號，《全臺文》與《台灣文獻叢刊》之記載有些許出入，此處是以《台灣文獻叢刊》所載爲主，並輔以《臺灣歷史辭典》之資料。黃典權：〈弁言〉，收於施士洁：《後蘇龕合集》（台北：臺灣銀行經濟研究室，1965），頁1。

〔註20〕關於《臺陽見聞錄》之作者，據光緒18年之刊本，作者作唐贊「袞」；而台灣銀行經濟研究室所印之《臺陽見聞錄》（以下簡稱「台銀本」）作者亦用「袞」字。但後來的研究者，多作唐贊「衮」。雖「袞」爲「衮」之異體字，二字實指同一字，然筆者考量名從主人之原則，以及有時雖爲異體字之差別，但可能就指不同人，故本文皆用「袞」字。

作　者	籍　貫	身　分〔註15〕	作品名稱	作品年代
劉璈（字蘭洲）	湖南岳洲府臨湘縣	官員（來台灣協助善後清日琉案、蘭州道、台灣道）	《巡臺退思錄》	1889 年
劉銘傳（字省三，號大潛山人）	安徽合肥	官員（淮軍將領、直隸總督、督辦台灣軍務、福建巡撫、台灣巡撫）	《劉壯肅公奏議》	1891 年
羅大春（字景山）	貴州施秉縣	官員（駐台灣北路專事開山撫番）	《臺灣海防並開山日記》	1874 年
龔柴（號虛白主人）		文人	《臺灣小志》	1884 年〔註21〕
史蒂瑞（Joseph Beal Steere）	美國	探險家、自然史學家	〈來自福爾摩沙的信件〉	1874 年
甘為霖（William Campbell）	蘇格蘭	宣教士、盲人教育家、台灣史研究者、閩南語研究者	〈福爾摩沙的「野蠻人」〉	1874 年
			〈澎湖群島記行〉	1887 年
艾比斯（Paul Ibis）	愛沙尼亞（俄國）	海軍	〈福爾摩沙：民族學遊誌〉	1877 年
伊德（又稱余饒理，George Ede）	蘇格蘭	教育家兼傳教士	〈福爾摩沙北部之旅〉	1886 年
佚名	可能為英國人〔註22〕	知識分子〔註23〕	〈福爾摩沙與日本人〉	1875 年

〔註21〕《臺灣小志》之成書年代，林淑慧列為光緒 13 年（1887 年）。林淑慧：《台灣清治時期散文的文化軌跡》，頁 452～453。然而，收錄於《臺灣文獻匯刊》第五輯第三冊之《臺灣小志》，其序文及弁言之時間皆記為光緒 10 年（1884 年）。龔柴：《臺灣小志》，收於《臺灣文獻匯刊（第五輯第三冊）》（廈門：廈門大學出版社，2004），頁 310、314。因此，本文《臺灣小志》之成書年代，是據《臺灣文獻匯刊》之版本而定。

〔註22〕從該作者在文中提及英國的東印度公司在台灣設立貿易站，以及說「我們的大印度帝國」等語，筆者猜測該作者可能為英國人。不知名：〈福爾摩沙與日本人〉，收於費德廉、羅效德編譯：《看見十九世紀臺灣——十四位西方旅行者的福爾摩沙故事》，頁 140。

〔註23〕該作者為一般讀書人，也就是當時常看英文報紙、期刊的讀者群。同上註，頁 136。

作　　者	籍　貫	身　分 〔註 15〕	作品名稱	作品年代
泰勒 （George Taylor）	英國	中國海關稅務局職員	〈福爾摩沙的原住民〉	1886 年
馬偕（漢名偕叡理，George Leslie MacKay）	加拿大	宣教士、醫生（開設「偕醫館」）、教育家（創立牛津學堂／理學堂大書院、淡水女學堂）	《福爾摩沙紀事》	1895 年
陶德 （John Dodd）	蘇格蘭	商人（臺灣烏龍茶之父、美國和荷蘭在基隆和淡水的名譽領事）	〈北福爾摩沙高山部落的風俗習慣略覽〉	1885 年
			《北台封鎖記》	1888 年

　　其中史久龍之《憶臺雜記》成書時，台灣已被日本統治。依筆者欲探討之散文年代限於 1871～1895 年之原則，《憶臺雜記》應排除在筆者的研究素材之外。但筆者考量到《憶臺雜記》為史久龍以 1892～1895 年在台期間之筆記為底稿，回到中國後再補充此底稿而成書，故特別將《憶臺雜記》列為研究素材。此外，上表所列之散文，不代表此時期台灣所有的散文。有一些散文因其內容無本文所欲探討之主題，故不列入表 1－1 中。

第三節　文獻回顧與探討

　　有關近年來台灣古典文學的研究概況，許俊雅教授已作了大致的回顧。〔註 24〕而林淑慧亦將台灣古典文學、古典散文方面相關的學位論文，整理為表格，並大致回顧了散文與文化相關的研究成果。〔註 25〕

　　以下筆者將探討施懿琳教授的《清代臺灣詩所反映的漢人社會》，以及林淑慧的《台灣清治時期散文的文化軌跡》。之所以特別探討此二書，是因為此二書皆探討整個清治時期，只是所用之文本的文類不同而已。

　　施懿琳教授的博士論文《清代臺灣詩所反映的漢人社會》，廣博搜羅清代

〔註 24〕許俊雅：〈回顧與前瞻——近二十年來臺灣古典文學研究述評〉。
〔註 25〕有關歷年（至 2005 年）台灣古典文學、古典散文的學位論文，可參見林淑慧：《台灣清治時期散文的文化軌跡》，頁 457～462。而散文與文化相關的研究成果，則可參見林淑慧同書頁 6～15。

台灣的古典詩歌，並分別從自然環境的狀描、漢人生活的實錄、漢番關係的陳述，以及內憂外患的刻畫等四方面，來探討清代台灣的漢人社會。

其中在漢人生活實錄方面，施懿琳教授透過詩作的閱讀，發現清代台灣詩中反映了台灣人侈靡成風、獷悍好鬥、信巫好鬼的民風與社會現象。而民眾的日常生活，不論是在飲食、衣著、居處……等方面，以及台灣人過年過節和婚喪的習俗，都和中國不盡相同而有所差異，並且有其特色〔註26〕。

此外，施懿琳教授也探討了清代台灣的漢番關係和內憂外患。隨著漢人移民漸多，面對漢人的優勢，原住民要如何自處，在許多清代台灣詩中多有陳述。而清代台灣社會多民變與械鬥，造成動盪多變亂的局面，以及清治末期列強對台灣的覬覦與挑釁，也成為詩人書寫的主題。

林淑慧則是近年來對於台灣古典散文領域著墨頗深的研究者，碩博士論文皆研究台灣清治時期的散文。〔註27〕而其《台灣清治時期散文的文化軌跡》一書，以宏觀的角度，來探討整個清治時期散文發展與文化變遷的關聯。她將清治時期約略分為三期：1683～1795 年為清治前期，1796～1866 年為清治中期，1867～1895 年則為清治後期。而這三期比較顯著的書寫主題，分別是旅遊巡視書寫、社會教化書寫，以及議論時事書寫。其中清治後期的議論時事書寫，主要探討的作家有吳德功、吳子光、李春生、洪棄生、蔣師轍、池志澂、史久龍……等人。而其探討的面向，主要是文人們對於時事、防務、政策等的議論，然亦有觸及經濟民生面向的探討。

施懿琳教授與林淑慧的文章，分別在清治時期詩歌與散文的研究上，有其重要性。施懿琳教授對整個清治時期台灣詩歌的研究，可以說是開風氣之先。然而由於當時並未像現在一樣，已有《全臺詩》的整理及出版，故以一人之力廣博搜羅相關詩作，可以說是極浩大的工程。所以除了搜羅詩作外，施懿琳教授就僅先對文本作一大致的解讀與詮釋。

而林淑慧的論文，由於要探討整個清治時期 212 年的散文發展，因此有

〔註26〕 例如，在書寫除夕的相關詩作中，有記載台灣獨特的習俗，即范咸所謂之「焚虎」。施懿琳：《清代臺灣詩所反映的漢人社會》，頁 417～418。

〔註27〕 林淑慧之碩士論文為《黃叔璥及其《臺海使槎錄》研究》（台北：臺灣師範大學國文研究所碩士論文，1999），後改寫為《臺灣文化采風：黃叔璥及其《臺海使槎錄》研究》一書，由萬卷樓出版；而其博士論文為《台灣清治時期散文發展與文化變遷》（台北：臺灣師範大學國文研究所博士論文，2004），後改寫為《台灣清治時期散文的文化軌跡》一書，由台灣學生書局出版。

其著重探討面向的考量，因而不得不作一些取捨。所以她在探討每一時期的散文發展時，就先著重在大致的書寫主題，以及一些主要作家的論述。也因此，就有一些暫時無法兼顧、細論的主題及作家。此外，該論文全以漢文書寫之古典散文爲研究素材，可能是這些素材已夠龐大，所以未將外國人書寫之散文列爲研究素材。諸如此類，皆是可留待後續研究者來填補的學術空白。

第四節　研究方法

　　研究方法可分爲量化研究法和質化研究法，而本文是採取文學與歷史學的科際整合、文獻分析法，以及比較分析法等質化的研究方法。

一、文學與歷史學的科際整合

　　七○年代，皮亞傑（Jean Piaget）在聯合國教科文組織（UNESCO）的人文社會學術趨勢報告中指出，透過科際整合式的雜交（hybridization），可以孕育出學問的新品種。此後，科際整合的方式漸受重視。許多研究不斷嘗試跨越、整合不同學科，以發現新的方向。正如許俊雅教授所指出的，近年來台灣古典文學的研究，透過科際整合的方式，常有意想不到的可開發議題。例如，鸞書通常包含詩、詞、歌、賦等文類，透過鸞書及士紳的著書來研究鸞堂活動，可以得到很多方面的資訊。〔註28〕

　　而本文欲將文學與歷史學作一整合，來探討台灣清治末期的散文。文學可以看出歷史，歷史也會影響文學。散文是文學的一環，但本文並不是要探討這些文學作品的美學層面，像是寫作技巧、美感等，而是要將這些文本放在當時的歷史脈絡來談，看看此一歷史脈絡對作者們的文化論述有何影響。例如，牡丹社事件對當時台灣的政治、海防等許多方面有所影響，那麼對於此一事件，文人們的反應爲何？有何論述？這種文學與歷史學的整合，已有相關的成果，像是王德威先生所編之《臺灣：從文學看歷史》一書〔註29〕。

　　此外，經濟學、審計學與文化人類學，對於文本的詮釋亦有所幫助。例如經濟學有助於瞭解文本中所述之經濟議題；而審計學有助於文人們議論之

〔註28〕許俊雅：〈回顧與前瞻──近二十年來臺灣古典文學研究述評〉，頁37。這一方面的研究成果，可以參考李世偉的相關著作，如〈清末日據時期臺灣的士紳與鸞堂〉，《臺灣風物》46卷第4期（1996年12月），頁111～143。
〔註29〕王德威編選：《臺灣：從文學看歷史》（台北：麥田，2005）。

內部控制（internal control）的議題。至於文化人類學，則可以英國人類學家弗雷哲（Sir James Frazer）所提出的交感巫術（sympathetic magic），來解釋與詮釋文本中的風俗記載，像是生命禮俗與歲時節慶書寫中，所存在的巫術與禁忌。

因此，本文欲以文學、歷史學、經濟學、審計學與文化人類學等學科的整合及跨領域的方法，來討論清治末期散文中的文化論述。

二、文獻分析法

所謂文獻分析法，是對文獻作一分析與批判。而本文除了運用科際整合的方式外，是以文獻分析法為主要的研究方法。文獻分析法雖然很基本，但卻也同時是既重要又必要的。

本文所運用的文獻，除了表 1－1 所列的主要文本外，也會與方志及類書相互參照。另外，也會以相關的概念、理論，如論述（discourse）、旅行書寫（travel writing）、帝國主義（imperialism）、現代性（modernity）等，來詮釋文本。

三、比較分析法

所謂比較分析法，是指將研究的對象，與相似或不同的事物一起作比較，以找出研究對象的本質。此一比較可分為橫向與縱向。

本文運用比較分析法的目的，是要分析、比較在同一主題下，不同作者的論述有何異同？亦即筆者將採用橫向的比較，來分析同一時期（1871～1895年）不同作者的論述。例如，同樣是關於當時台灣地位的議論，不同作者的論述會不盡相同。此時，就可以透過比較這些論述間的異同，來解讀、瞭解這些論述的差異。

第五節　論文章節架構

本文共分六章。首章為緒論，除了說明本文之研究動機、目的與問題意識，以及對清治末期、散文與文化三詞作一定義，且說明研究範圍外，並對歷來相關研究作一回顧與探討。另外，亦說明本文採取何種研究方法與章節如何安排。

　　第二章則對台灣清治末期的歷史背景作一說明。清治末期的台灣，雖然社會內部相對來說較穩定，但是列強的侵擾卻較之前來得劇烈，而清廷對台灣的治理也有了不同。此外，該時期台灣的國際貿易亦相當熱絡。所以，第二章將從列強覬覦與侵擾的加劇、治台政策的轉變，以及與國際經濟的接軌等三方面，來討論台灣清治末期的社會背景。

　　由於清治末期台灣時局的變動，會影響許多層面，也引發文人們的議論，所以第三章探討的重點，在於文人們對於清治末期台灣的政治及教育有何議論。而這一章切入的焦點，則分別是台灣地位與對外關係、洋務運動，以及教育等三方面的議論。

　　而隨著清治末期台灣通商口岸的開放，台灣與世界各地的貿易增加，因此勢必影響台灣當時的經濟及產業，是以第四章以「產業經濟的評論」為探討核心。其中，將以自然資源（包括礦物的開採和經濟作物的產銷）、國際貿易及財政制度（包括開源節流、賦稅改革與加強內部控制）等三方面的評論，作為討論的焦點。

　　第五章探討的文化論述是民情風俗的評述。台灣的移民社會經過近二百年的發展，再加上與西方文化的交會，到了清治末期風俗是否有所改變？或者有何特殊性？為了探究上述的問題，因此第五章討論的焦點，是清治末期的散文中，文人們所書寫的台灣風俗（包括民間信仰、生命禮俗與歲時節令，以及生活習俗），以及對於該風俗的評論。第六章則為討論與結論，將提出本文的研究發現與未來展望。

第二章　台灣清末的歷史背景

　　台灣清治末期的社會較之清治前、中期，民變發生的規模較小了，頻率也較不頻繁〔註1〕，社會相對來說較穩定。然而，此時期列強對台灣的覬覦與侵擾，卻較清治前、中期來得劇烈。而列強對台灣的覬覦與侵擾，也使得清帝國對於台灣的治理政策有了轉變。此外，清帝國因戰敗與列強簽訂各條約，而促使台灣開港，因而使得清治末期的台灣國際貿易熱絡。

　　因此，郭廷以詮釋此時期之歷史說「國際關係轉變了近代中國，也轉變了近代台灣；外患震動了近代中國，也震動了近代台灣」〔註2〕。所以，本章將從列強覬覦與侵擾的加劇、治台政策的轉變，以及與國際經濟的接軌三個面向，來探討台灣清治末期的歷史背景。

第一節　列強覬覦與侵擾的加劇

　　台灣四面環海，位處東亞大陸邊緣之一連串島弧的中點。由於此一獨特的地理位置，使得台灣在 17 世紀時，就已成為國際間列強的覬覦之地。像是

〔註1〕 劉妮玲統計、歸納了台灣清治時期的民變，並繪製為統計圖表。從圖表中可以看出清治末期的民變，是以中、小型規模為主，而頻率也不似清治前、中期來得頻繁。當然，劉妮玲也指出，民變發生之頻率較低，不表示其影響力也較低。然而，若從民變發生規模及發生頻率交互參照，仍可看出清治末期的台灣社會是相對較穩定的。劉妮玲：《清代臺灣民變研究》（台北：臺灣師範大學歷史研究所碩士論文，1982），頁 249、251。

〔註2〕 郭廷以：《臺灣史事概說》（台北：正中書局，1996），頁 229。

荷蘭、西班牙皆於 17 世紀時，分別佔有台灣南、北部。其後，19 世紀中葉，又有英國侵犯台灣〔註3〕，以及美國船羅發號（Rover）事件〔註4〕等，列強侵擾台灣之情事發生。

到了清治末期，列強對台灣的覬覦與侵擾仍舊；甚至，較清治前、中期的侵擾事件為烈。此時期列強侵擾台灣之事件，有牡丹社事件、西班牙挑釁事件、清法戰爭……等。其中，西班牙挑釁事件因僅為虛驚一場，西班牙並未實際派兵來台〔註5〕，而牡丹社事件與清法戰爭列強皆有派兵來台，且影響較大，故以下僅對牡丹社事件及清法戰爭二事加以說明。

一、牡丹社事件

牡丹社事件，日本稱之為「台灣事件」，是台灣近代史上一件重大的國際紛爭。其重要性及影響正如張炎憲所言：

> 「牡丹社事件」，是日本明治維新之後第一次海外出兵，開啟南進的
> 序曲。清國也從此重視台灣海防，改變治台政策，但已無法阻擋東
> 亞新國際秩序的形成。〔註6〕

由此可見牡丹社事件不論在台灣史或日本史上，都有重大的意義。

由於日本對於台灣有侵佔之野心，台灣可以作為其南進的門戶，再加上琉球的歸屬問題也是導致日本出兵台灣的原因之一，故以下將先說明日本的崛起及琉球的中日兩屬關係，再敘述牡丹社事件之經過及影響。

〔註3〕 道光年間，清國與英國發生鴉片戰爭，清國戰敗，簽訂「南京條約」割地賠款。其後，又因索還俘虜問題，引發「台灣疑獄」事件，以致英國侵擾台灣。有關「台灣疑獄」事件的始末，可參見廖漢臣：〈鴉片戰爭與臺灣疑獄〉，《臺灣文獻》16 卷 1 期（1965 年 3 月），頁 28～51。

〔註4〕 羅發號事件，是指同治 6 年（1867 年）時，美國商船羅發號在台灣琅嶠附近觸礁沉沒，船長亨特（Hunt）等 14 人逃至龜仔角鼻山登岸，但幾乎全被生番所殺，以致引發後續美國出兵前往進剿，以及直接與生番談判等事。有關羅發號事件的發展始末，可參見林子候：〈清代臺灣與美國的接觸和難船事件〉，《臺灣文獻》28 卷 3 期（1977 年 9 月），頁 63～68。

〔註5〕 西班牙挑釁事件，是指同治 14 年（1875 年）時，西班牙藉由同治 2 年（1863 年）其商船在台海被搶之事，向清廷索賠，並揚言發兵來台。但僅為虛驚一場，最後清廷賠償了事。張世賢：《晚清治臺政策：同治十三年至光緒二十一年》，頁 20～21。

〔註6〕 張炎憲：〈當部落遇到國家〉，收入王學新譯：《風港營所雜記》（南投：國史館台灣文獻館，2003），頁 2～3。

（一）日本的崛起及琉球的中日兩屬關係

1. 日本的崛起

日本對於台灣之覬覦，比起歐美列強要來得早。豐臣秀吉曾於 1593 年（萬曆 21 年）派人勸「高山國王」（早年日本稱台灣爲高砂、塔伽沙古或高山國）前往進貢。其後 1615 年（萬曆 43 年）時，江戶幕府也曾派兵艦侵台（此爲日本初次大規模侵台），但失敗而返。〔註7〕

16 世紀時，歐洲人開始進入日本進行貿易及傳教。其後，因基督教傳入日本帶來一些麻煩（例如與日本原有宗教起衝突），於是，江戶幕府乃於 17 世紀時採取了一些管制措施。例如：將西班牙、葡萄牙等國的商人及傳教士驅逐出境，禁止日本船隻航行海外，以及只允許中國及荷蘭人可以至長崎貿易，但要受到嚴密監視。這一些措施，是爲「鎖國」〔註8〕政策。

此一管制貿易的鎖國政策到了 19 世紀中葉，遭到歐美工業強國的挑戰。首先扣關的是美國。1853 年（咸豐 3 年），美國太平洋艦隊司令培理（Matthew Perry）率艦要求日本開放通商；翌年，培理再次前來，並鳴炮示威，江戶幕府不得已只好接受美國的要求，簽訂「神奈川條約」。其後，荷、俄、英、法等國也相繼與日本簽訂不平等條約，此即爲「安政五國條約」。〔註9〕於是，日本國內發起了「尊王攘夷」運動，而有了其後 1867 年（同治 6 年）的「大政奉還」，取消幕府，還政給明治天皇。明治天皇親政後，於 1868 年（同治 7 年）施行新政，是爲「明治維新」。日本經過明治維新之後，國力大增。

其後，日本政府曾派宗義達任與朝鮮交涉，希望與之修好，但被拒絕，於是日本國內之「征韓論」的論述便愈加興盛。〔註10〕而清國亦鄰近日本，日本外務省也曾於明治 3 年（1870 年，同治 9 年），派遣柳原前光等人前往

〔註7〕 蘇志誠：《日併琉球與中日琉案交涉》（台北：臺灣師範大學歷史研究所碩士論文，1983），頁 59～60。

〔註8〕 所謂「鎖國」，並不是指封閉起來不與任何國家發生關係，而是「採取最低限度的對外交通方式」，也就是管制貿易。像是當時仍維持著已存在的日朝、日琉關係，以及在長崎和中國、荷蘭維持貿易關係。當時亦無使用「鎖國」一詞，而是稱爲「異船御禁止」或「海禁」。鄭樑生：《中日關係史》（台北：五南，2001），頁 171～172。

〔註9〕 同上註，頁 199。

〔註10〕 征韓論主要是由西鄉隆盛、板垣退助、副島種臣……等人提出，主張以武力解決韓國問題，迫使其開國。張世賢：《晚清治臺政策：同治十三年至光緒二十一年》，頁 15～16。

清國，希望能夠通商立約。原先清國認爲不需與之立約，但後來考量可將其聯爲外援以抗西人，於是便同意其請求，而與之簽訂友好條規 18 條、通商章程 33 款，以及海關稅則。〔註11〕然而，清國此次非因戰敗而簽約，和被迫與歐美列強簽約之情況不同，故原先日本要求之最惠國待遇等條約內容遂不被同意。〔註12〕也就是說，此次清國與日本所簽訂之條約，爲一平等條約。〔註13〕但也正因如此，不爲日本所滿足，而埋下日後日本藉機挑釁之導火線。

2. 琉球的中日兩屬關係

琉球位於台灣及九州之間，是一個由沖繩群島、宮古群島、八重山群島……等所組成的列島。

中國與琉球正式外交關係的建立，是開始於明洪武 5 年（1372 年）。就中國冊封琉球而言，明太祖曾於此年，派人冊封琉球的中山王察度；其後，一直到清同治 5 年（1866 年）最後一次冊封琉球國王尙泰爲止，此期間明、清兩代共冊封了琉球國王 23 次，其中明代冊封 15 次，清代冊封 8 次。〔註14〕而就琉球朝貢中國來說，琉球首次朝貢中國，也是始於明洪武 5 年（1372 年）〔註15〕。最後一次朝貢，則是清光緒元年（1875 年），此後琉球被日本禁止向中國朝貢。此外，琉球對中國的朝貢由原先的朝貢頻頻，到後來因琉球貢使在華之不法行爲，而導致明憲宗將貢期定爲兩年一貢，並限制上京人數。〔註16〕

何以日本要禁止琉球向中國入貢？這是因爲日本認爲琉球爲其藩屬，而非歸屬於清國。而琉球是否歸屬日本的問題，則是因爲薩摩侵琉事件而起。薩摩是日本西南的一個藩閥，1609 年（明萬曆 37 年，日本慶長 14 年），

〔註11〕鄭樑生：《中日關係史》，頁 200～203。

〔註12〕有關友好條規的主要內容，可參見鄭樑生：《中日關係史》，頁 203～204。而通商章程之要點，則可參見車相協：《中日修好條約之研究》（台北：臺灣師範大學歷史研究所碩士論文，1985 年），頁 67～68。

〔註13〕車相協亦指出，此條約之另一意義係中國首次以近代國際法的理念，與亞洲國家締約，也就是中國自己否定東亞傳統的國際秩序（朝貢制度）。車相協：《中日修好條約之研究》，頁 2。

〔註14〕蘇志誠：《日併琉球與中日琉案交涉》，頁 5。

〔註15〕當時琉球分爲中山、山南、山北，此處所言琉球首次進貢中國，是指中山而言。至於山南、山北朝貢於明，則始於洪武 16 年（1383 年）。其後，山北、山南相繼被中山所滅，而琉球完成統一。此後，琉球朝貢於明便成爲中山朝貢於明。鄭樑生：《中日關係史》，頁 211～213。

〔註16〕同上註，頁 217～218。

其藩主島津家久派樺山久高、平田太郎等，出兵攻佔琉球。而琉球國王尙寧及數百名官員被俘至鹿兒島，被迫立誓文以遵守薩摩的種種規定〔註17〕，直至兩年後才被釋回。此事件是爲「薩摩侵琉事件」，日本則稱爲「慶長之役」。

蘇志誠指出，薩摩侵琉的眞正原因有四：第一，壟斷琉球對外貿易，劫持琉球套購中國貨物；第二，鞏固日本南方安全；第三，琉球拒絕日本徵糧要求（1591 年，豐臣秀吉欲發動侵韓戰爭，遂命薩摩藩主島津家久轉令琉球捐輸兵糧給幕府當局）；第四，琉球拒絕遣使向江戶幕府謝恩（1602 年一琉球船隻漂至仙台，德川家康曾協助送還船隻）。〔註18〕經過薩摩侵琉事件之後，薩摩在內政、外交等方面皆控制琉球，但仍允許琉球向中國進貢，也因此琉球就形成了同時臣屬中國與薩摩的「中日兩屬關係」。而此一兩屬關係也導致了日後日本藉機牡丹社事件出兵台灣的理由之一。

（二）牡丹社事件之經過及影響

如同前文所述，牡丹社事件是日本明治維新後第一次海外出兵。此事件是因同治 10 年（1871 年），琉球宮古島船隻於向琉球國王納貢途中，遭遇颶風而漂至台灣東南部的八瑤灣。其中三人溺斃，66 人登岸誤入高士佛社〔註19〕，因被高士佛社生番強取衣物，遂逃亡。但仍有 54 人被殺害，而剩餘之12 人則得漢人楊友旺之助，得以返回琉球。

其後，同治 13 年（1874 年），日本因此事而出兵台灣。雖然日本藉口其琉球船員被殺害而出兵台灣，但是日本此次出兵不僅可以安撫緩和國內

〔註17〕琉球王尚寧所立之誓文，日本稱爲起請文或盟約書。有關盟約書之主要內容，及其後薩摩陸續對琉球頒布之訓令和指示，可參見蘇志誠：《日併琉球與中日琉案交涉》，頁 28～30。

〔註18〕同上註，頁 24～26。

〔註19〕一般坊間書籍或文章大多作被「牡丹社」生番殺害，如鄭樑生：《中日關係史》，頁 233；邱子銘：《晚清台灣開山「撫番」政策（1874～1895）》（台中：中興大學歷史所碩士論文，2006），頁 40。但王學新指出，實際之加害者爲高士佛社，而非牡丹社；然而因牡丹、爾乃、高士佛三社有攻守同盟之誼，所以三社同遭討伐亦是必然趨勢。王學新：〈《風港營所雜記》之史料價值與解說〉，《風港營所雜記》，頁 2。而藤崎濟之助亦說明了加害者爲高士佛社而非牡丹社，以及造成此一誤會之原因。藤崎濟之助著，全國日本經濟學會譯：《臺灣史與樺山大將——日本侵臺始末》（台北：海峽學術出版社，2003），頁 162～163。

征韓論者的不滿情緒〔註 20〕，也能藉此宣揚國威。更重要的是，出兵台灣不但是日本對台灣懷有領土之野心〔註 21〕，而且也可以解決琉球歸屬問題（如同前文所述，琉球當時呈現中日兩屬關係）。因此，爲了合理化其藉口，於是日本便於同治 11 年（1872 年）8 月，冊封琉球王尙泰爲藩王，以確立琉球與其的宗藩關係。另外，日本亦利用修好條規換約之時，趁機探詢清國對台灣生番殺害琉球船員一事之態度，但清國官員認爲台灣生番「向未繩以法律，故未設立郡縣」〔註 22〕之言論，也讓日本有了出兵台灣的口實。〔註 23〕

此外，日本之所以決定出兵台灣，美國的若干行爲也成了重要的決定因素。例如：在同治 6 年（1867 年）羅發號事件中，美國駐廈門領事李仙得（Charles W. Le Gendre）因曾協助與生番交涉事宜，故對台灣番界有一定的瞭解，是以在牡丹社事件中被日本聘爲顧問。而美國海軍中校克沙勒（Douglas Cassel），以及工兵中尉華生（James R. Wasson），亦受日本邀請參與、指導軍事。〔註 24〕其中尤以李仙得致力於慫恿日本出兵台灣。〔註 25〕其後，因英、美、俄……等國宣佈中立，因此上述美國人遂無法參與日本軍事行動，而李仙得也因此被逮捕〔註 26〕。日本派西鄉從道率軍從長崎出發，同治 13 年（1874 年）5 月於石門

〔註 20〕 明治 6 年（1873 年，同治 12 年），日本國內支持征韓論之主要人物下野，其後佐賀並發生暴動，於是爲了安撫征韓論者之不滿情緒、轉移其目光，便有反征韓論者提議出兵台灣。張世賢：《晚清治臺政策：同治十三年至光緒二十一年》，頁 18。

〔註 21〕 日本於出兵台灣前，二度派遣樺山資紀、水野遵等人，來台調查地形、水文及番情等。但其所調查之範圍，並非僅侷限於發生糾紛之處，而是台灣南北皆調查。藤崎濟之助著，全國日本經濟學會譯：《臺灣史與樺山大將──日本侵臺始末》，頁 207～220、244～266。而由此一台灣南北皆調查之事件，亦可看出日本之出兵是對台灣懷有領土之野心。

〔註 22〕 洪安全總編：《清宮洋務始末臺灣史料（二）》（台北：故宮博物院，1999），頁 720。句中標點符號爲筆者所加，以下所引清宮檔案句中之標點符號亦同。

〔註 23〕 有關日、清官員對於此事的答問及經過，蘇志誠已作了整理，請參見蘇志誠：《日併琉球與中日琉案交涉》，頁 64～66。而此一問答背後之意義，正如張炎憲所言，顯示出清廷缺乏近代國家理念，以致無法應付新興的近代國家日本。張炎憲：〈當部落遇到國家〉，收入王學新譯：《風港營所雜記》，頁 2。

〔註 24〕 James W. Davidson 著，蔡啓恆譯：《臺灣之過去與現在》（台北：臺灣銀行經濟研究室，1972），頁 87。

〔註 25〕 有關李仙得力勸日本出兵台灣之動機及經過，可參見黃嘉謨：《美國與臺灣》（台北：中央研究院近代史研究所，1966），頁 259～274。

〔註 26〕 同上註，頁 305。

發生激戰。雖然石門之戰牡丹社受創嚴重，但是日方亦有 4 死 10 傷〔註27〕。

因牡丹社在番界算是強者但卻慘敗，所以其他番社就因而畏懼日本，陸續來降。而清廷雖有向日本抗議其出兵，並派沈葆楨率兵來台，但因當時清國仍有新疆及越南受列強侵擾之問題待解決，日本方面則因受西方列強詰問之壓力，以及傷亡、病死者也不在少數，於是清日兩國便傾向以外交來解決此事。因而雙方在同治 13 年（1874 年）9 月 22 日議和，互換條款三條：

一、日本國此次所辦，原爲保民義舉起見，中國不指以爲不是。

二、前次所有遇害難民之家，中國定給撫卹銀兩。日本所有在該處修道建房等件，中國願留自用。先行議定籌補銀兩，別有議辦之據。

三、所有此事兩國一切來往公文，彼此撤回註銷，永爲罷論。至於該處生番，中國自宜設法，妥爲約束，以期永保航客，不能再受兇害。〔註28〕

至於撫卹及修道建房費用之金額（分別爲 10 萬兩、40 萬兩），則是放在互換憑單中，而非正式列入條約中。〔註29〕

因清廷在條款中稱日本爲保民義舉，等於承認了琉球歸屬於日本，而導致日後日本之琉球處分、併吞琉球。也因牡丹社事件，讓列強知道可以台灣來威脅清國，所以此後清國與列強的紛爭也就往往牽涉到台灣。而日本出兵台灣牽涉到生番是否受清國管轄的問題，也因此，牡丹社事件促使清國開山撫番政策的形成。

二、清法戰爭

清法戰爭對於清國來說意義重大，此戰役顯示了清國在此之前的自強運動之失敗。此戰役也如前文所言，牡丹社事件後列強與清國之糾紛往往牽涉到台灣。因此，清法戰爭波及到台灣，而使台灣也成爲戰場之一。

以下將先略述越南與清、法二國的關係，以及清法戰爭在清越邊境之主戰場戰事，然後再述及台灣戰場之戰事，以及此戰役之影響。

〔註27〕藤崎濟之助著，全國日本經濟學會譯：《臺灣史與樺山大將——日本侵臺始末》，頁 286。
〔註28〕洪安全總編：《清宮洋務始末臺灣史料（二）》，頁 1084〜1085。
〔註29〕同上註，頁 1085。

（一）越南與清法之關係及清法戰爭主戰場之戰事

越南位處中南半島，古稱安南或交趾（或作交阯）。秦、漢時，中國在越南設置郡縣，此後越南北屬中國長達一千餘年。直到五代時，才逐漸脫離而成為自主國家，但此後仍對中國朝貢。因此，清國與越南存在著宗藩關係。而其於清嘉慶來貢時，受封為「越南」〔註 30〕國，但阮朝時，又曾先後自改稱為「大越」國、「大南」國。19 世紀時，其分為三部分：北圻（又稱東京）、中圻（又稱安南）與南圻（又稱交趾支那）。〔註 31〕

而法國與越南的關係，則可追溯至 17 世紀。17 世紀時，法國傳教士已從葡萄牙人手中，奪得越南的傳教壟斷權；〔註 32〕嘉慶 7 年（1802 年），法人更幫助越南嘉隆王阮福映，平定西山阮文惠之亂而收復安南之地。〔註 33〕吳映華指出，法國之所以在越南發展，主要是基於二個目標：一是使越南成為其殖民地（因為越南有豐富的自然資源與廣大的市場，更重要的是，法國在印度之勢力受到英國的排擠），二是以越南為基點，謀取往中國西南內陸的發展。〔註 34〕為了達到此一目的，於是法國便先後於 1843、1844、1847、1851、1858 年，進攻越南；最後，於 1862 年攻佔南圻三省，而與越南簽訂第一次西貢條約。該條約主要是准許法、西二國可在境內傳教、在北圻通商，割地予法國，以及法國人可航行湄公河。〔註 35〕

其後，法國仍不斷侵擾越南，雲貴總督劉長佑曾言：

> 立埠以後，法國之垂誕（案：應為「涎」）越南者已久，開市西貢，
> 據其要害。同治十一年，復通賊將黃崇英窺取越南之東京，聚兵合
> 謀思渡江以侵諒山諸處。〔註 36〕

〔註 30〕 安德森（Benedict Anderson）指出：當時越南皇帝希望將其國家稱作「南越」（意指南部的越地），但清仁宗則堅持應稱為「越南」（意指越地之南）。二者的差別即在於「南越」之稱呼表示對其古王國擁有支配權。Benedict Anderson（班納迪克・安德森）著，吳叡人譯：《想像的共同體：民族主義的起源與散布》（台北：時報文化，1999），頁 177。

〔註 31〕 賴宗誠：《清越關係研究——以貿易與邊務為探討中心（1644～1885）》（台北：臺灣師範大學歷史研究所博士論文，2004），頁 1～2。

〔註 32〕 吳映華：《黑旗軍與中法越南之爭執》（台北：臺灣師範大學歷史研究所碩士論文，1983），頁 10。

〔註 33〕 張世賢：《晚清治臺政策：同治十三年至光緒二十一年》，頁 21。

〔註 34〕 吳映華：《黑旗軍與中法越南之爭執》，頁 11。

〔註 35〕 同上註，頁 14。

〔註 36〕 洪安全總編：《清宮洋務始末臺灣史料（二）》，頁 1356。

光緒9年（1883年），法國逼迫越南簽訂第一次順化條約，承認越南歸其保護，而排除清國的宗主權。〔註37〕為了保護越南此一藩屬國，最後清國與法國訴諸戰爭。但清軍潰敗，於是清國便於光緒10年（1884年），派李鴻章與法國代表福祿諾（Fournier）簽訂「天津簡約」（或稱「李福簡約」）〔註38〕。一個月後，因法國強行接防諒山，而爆發觀音橋事件。清、法兩國衝突再起，但此次法軍失利，所以法國便藉口清國違約而要求賠償。清、法兩國經過談判，但無法達成共識，於是再次開戰。

（二）清法戰爭在台灣之戰事及其影響

此次清、法兩國再次開戰，與之前不同的是戰區擴大了，擴大至整個閩海，而非僅是清越邊境的陸戰。由於法國為了據地為質以威脅清國，所以台灣此次受到法國直接的攻擊〔註39〕。

1884年7月22日及8月4日〔註40〕，法國先後有三艘艦艇駛至基隆港。其指揮官李士卑斯（Lespes）要求清軍退出基隆港，但不被理會，於是法軍便於8月5日上午8時開砲，並登陸攻佔炮台。翌日，清軍還擊，法軍不支，逃回船上。而劉銘傳為了不讓煤礦被法軍佔領，便下令焚燬已採之煤炭及礦場設備。〔註41〕其後，法軍突襲福州，摧毀福州兵工廠、造船廠等。1884年10月1日，法軍水師提督孤拔（Courbet）再次攻打基隆，清軍雖二次擊退法軍，但基隆港最後仍被法軍佔領。於是，劉銘傳便下令撤退，棄守基隆。〔註42〕10月2日，法軍原訂上午10時砲擊淡水，但清軍於清晨6時許先發

〔註37〕陶德（John Dodd）著，陳政三譯述：《北台封鎖記——茶商陶德筆下的清法戰爭》（台北：原民文化，2002），頁13。

〔註38〕天津簡約因允許法國可在西南通商，條文中亦隱含清國對越南仍有宗主權，於是清、法二國皆對條文內容不滿意。有關天津簡約之內容，可參見同上註，頁13。

〔註39〕原先法國據地為質的目標是福州與南京，後來放棄南京改為基隆，所以台灣在清法戰爭中便受到直接的攻擊。郭廷以：《臺灣史事概說》，頁217～218。而陳政三指出：法國攻打基隆，最主要的原因是可取得基隆的煤礦，以使其艦隊有充足的動力。陶德（John Dodd）著，陳政三譯述：《北台封鎖記——茶商陶德筆下的清法戰爭》，頁10。

〔註40〕此處之日期為陽曆。以下言及清法在台戰事之日期，除有註明為陰曆者外，皆一律為陽曆。

〔註41〕陶德（John Dodd）著，陳政三譯述：《北台封鎖記——茶商陶德筆下的清法戰爭》，頁15～18。

〔註42〕郭廷以：《臺灣史事概說》，頁222。

制人，於是雙方展開砲戰。但法軍此次砲戰不僅無法攻下淡水，反而只讓對方傷亡 20 人。〔註 43〕

　　10 月 8 日，法軍再次砲攻淡水，並從沙崙登陸。但法軍仍無法突圍，被清軍孫開華、章高元等人所敗，最後只好退回艦上。由於法軍接連受到挫敗，而於 10 月 23 日起，封鎖台灣〔註 44〕，不准船隻通行。在封鎖期間，法軍曾於 11 月 7～9 日連攻暖暖，但遭挫敗。其後，法國於 1885 年 1 月 7 日延長封鎖線至東部卑南一帶。台灣在封鎖期間，不僅國際貿易無法進行，而且食物平均漲了 3～4 成。〔註 45〕1885 年 1 月 25 日至 2 月 1 日，3 月 4～7 日，法軍先後兩次發動了月眉山之戰。第一次月眉山之戰法軍失利，但第二次月眉山之戰清軍潰敗，月眉山一帶失守。〔註 46〕但法軍仍無法順利攻下台灣，於是改變策略，於 3 月 31 日佔領澎湖。〔註 47〕不久，清、法二國於 4 月 4 日簽約議和〔註 48〕，法國於 4 月 15 日宣布解除台灣之封鎖（實際於 4 月 16 日解除），並於 6 月 21 日起陸續撤除基隆、澎湖等地之駐軍。清法戰爭至此結束。

　　清法戰爭對台灣之影響，除了台灣成為戰場及被封鎖造成物價上漲、無法對外貿易等直接影響外，也間接加速了台灣建省的急迫性，以及造成台灣「重北輕南」政策的形成。〔註 49〕

第二節　治台政策的轉變

　　康熙 22 年（1683 年），清廷派靖海將軍施琅征台，鄭克塽降清，台灣正式納入清帝國的版圖。一直到光緒 21 年（1895 年），台灣割讓予日本，此期間清帝國統治台灣長達 212 年之久。在這二百多年之間，清帝國對台灣的統

〔註 43〕陶德（John Dodd）著，陳政三譯述：《北台封鎖記──茶商陶德筆下的清法戰爭》，頁 53。

〔註 44〕依孤拔發予各國的「封鎖宣告」內文可以得知：法軍封鎖台灣的範圍，從鵝鑾鼻經西、北部海岸，一直到烏石鼻（蘇澳南方）。所有台灣的港埠、海灣皆被封鎖。同上註，頁 71～72。

〔註 45〕同上註，頁 104。

〔註 46〕郭廷以：《臺灣史事概說》，頁 224。

〔註 47〕張世賢：《晚清治臺政策：同治十三年至光緒二十一年》，頁 23。

〔註 48〕有關清、法簽訂之巴黎和議草約及其後越南條約之內容，可參見陶德（John Dodd）著，陳政三譯述：《北台封鎖記──茶商陶德筆下的清法戰爭》，頁 139。

〔註 49〕陳政三：〈從知識的封鎖走出來〉，同上註，頁 4。

治策略，前後不同〔註50〕。

　　清帝國統治台灣的前期，大致而言是採取消極的治台策略。〔註51〕戴炎輝稱此時期政策之目的「志不在經世濟民，而僅消極的不使臺灣落在反清者之手」〔註52〕，也就是施志汶所言，是以不增加帝國負擔，以及確保帝國海疆的安寧爲優先考量。〔註53〕而同治13年（1874年）以後，清帝國的治台政策有了轉變，變得較爲積極。張炎憲指出，促使清帝國治台政策由消極轉變爲積極的原因有三：一是列強勢力侵入台灣，也就是「王化之地」或「化外之地」的爭議，使得清廷重視台灣；二是清國本身的變動，亦即清國自我調整，以適應外來的衝擊；三是移民開拓的推動改革。〔註54〕

　　爲了因應上述三個促使治台政策轉變的因素，於是清廷制定了許多政策。其中，以開山撫番與台灣建省較爲重要。以下將介紹此二政策之內容。

一、開山撫番

　　所謂開山撫番，簡單地說是指開山（後山）通道，撫綏生番。相對於開山，則是封山。在清治前期的消極治台政策中，有所謂的偷渡令與封山令。偷渡令是爲內地人而設，而封山令則爲臺灣人而設。也就是內地人民限制渡台，而在台的居民則不准入山。〔註55〕

　　何以清廷要封山？清廷之所以封山，是因爲漢番文化的差異，也就是封山政策是要處理漢番關係的問題。〔註56〕是以清廷立石劃設番界，禁止人民

〔註50〕 一般多以同治13年（1874年），爲清帝國治台政策的前後期分野，如郭廷以：「對臺政策是消極的……這種政策一直執行到一八七四年（同治十三年）」。郭廷以：《臺灣史事概說》，頁123。

〔註51〕 莊吉發指出：此時期清廷之治台政策雖有其消極性，但也有其積極性。例如：清廷仍保存台灣的郡縣行政制度，設府治，隸屬於福建省；並且，開科取士，實施和福建內地一致的行政制度。也就是清國將台灣視爲內地，而非如東三省、新疆、西藏之列。莊吉發：〈從故宮檔案看清代台灣行政區域的調整〉，《臺灣文獻》49卷4期（1998年12月），頁127。

〔註52〕 戴炎輝：《清代臺灣之鄉治》（台北：聯經，1979），頁273。

〔註53〕 施志汶：《清康雍乾三朝的治台政策》（台北：臺灣師範大學歷史研究所博士論文，2001），頁22。

〔註54〕 張炎憲：《清代治台政策之研究》（台北：臺灣大學歷史研究所碩士論文，1974），頁1。

〔註55〕 郭廷以：《臺灣史事概說》，頁132。

〔註56〕 邱子銘：《晚清台灣開山「撫番」政策（1874～1895）》，頁11。

私入番境。而之後提出開山撫番最直接的原因，便是日本認為台灣生番不歸清國管轄而出兵台灣。因此，開山撫番政策「不僅要對台灣原住民作統治權的確認（即撫番），更要將軍事力量擴張到台灣全島（即開山）」〔註57〕。張世賢將開山撫番政策分為三個時期：開創時期、善後時期，以及建省時期。這三個時期的時間斷限及主要政策內容如表2－1。

表2－1 開山撫番政策之分期與內容〔註58〕

分　　期	時間起迄	政策內容
開創時期	同治13年至光緒元年（1874～1875年）	急收後山，悉歸郡縣
善後時期	光緒元年底至光緒10年（1875～1884年）	涵濡教化、移民屯墾，循序漸進
建省時期	光緒10年至光緒21年（1884～1895年）	開撫後山，恩威並施，繼以屯墾，使全台生番歸化

開山撫番政策最早是由沈葆楨所實行的。要如何開山撫番？他認為：

夫務開山而不先撫番，則開山無從下手；欲撫番而不先開山，則撫番仍屬空談。〔註59〕

是以沈葆楨開山與撫番同時進行。沈葆楨上奏請求後山開禁，以讓人民入番境拓墾。〔註60〕要如何開山撫番？沈葆楨說開山要屯兵衛、刊林木、焚草萊、通水道、定壤則、招墾戶、給牛種、立村堡、設隘碉、致工商、設官吏、建城郭、設郵驛、置廨署；而撫番則要選土目、查番戶、定番業、通語言、禁仇殺、教耕稼、修道塗、給茶鹽、易冠服、設番學、變風俗。〔註61〕

〔註57〕 楊慶平：《清末臺灣的「開山撫番」戰爭（1885～1895）》（台北：政治大學民族學研究所碩士論文，1995），頁11。而黃曉玲也謂：「開山撫番，雖有興利及撫妥番眾的動機在內，但是推廣政令，確立權力才是主因」。黃曉玲：《晚清治臺政策演變與臺灣政經社會發展（1874～1875）》（宜蘭：佛光大學政治所碩士論文，2007），頁63。

〔註58〕 張世賢：《晚清治臺政策：同治十三年至光緒二十一年》，頁129。

〔註59〕 沈葆楨：《福建臺灣奏摺》（台北：臺灣銀行經濟研究室，1959），頁2。

〔註60〕 沈葆楨：「際此開山伊始、招墾方興，臣等揆度時勢，合無仰懇天恩，將一切舊禁盡與開豁，以廣招徠，俾無瞻顧」。同上註，頁13。

〔註61〕 同上註，頁2。

於是，沈葆楨分南、中、北三路進行開山撫番。在日本出兵台灣之時，南路由總兵張其光率領；中路由營務處黎兆棠率領；北路則由台灣道夏獻綸負責。而日兵退回後，南路分二路進行，一路（由射寮會於卑南）仍由張其光率領，另一路（鳳山之赤山庄至卑南）則由袁聞柝（後由鮑復康接領）負責；中路（彰化之林圯埔至璞石閣）改由總兵吳光亮率領；北路（蘇澳至奇萊）則改由提督羅大春率領。〔註62〕由於沈葆楨的開路工作由軍隊擔任，日後的開墾也是以武力來保護，因此有人認為沈葆楨的開山撫番政策含有武裝殖民的意味。〔註63〕

開創時期之開山撫番政策，主要是基於軍事考量，就如同楊慶平所言，此政策「軍事價值高過一切」〔註64〕。到了善後時期，由於台灣已轉危為安、餉需難以繼續支持此政策，以及後山無大利可興等理由，所以開山撫番不再被視為是當務之急。〔註65〕因此，丁日昌便主張暫停開山撫番，而專力於鞏固海防。甚至，光緒6年（1880年）時，開山撫番的經費還被調撥移作海防之用。〔註66〕到了建省時期，由於台灣在清法戰爭中受到攻擊，所以開山撫番政策再次受到重視。

劉銘傳是此時期開山撫番政策的主要施行者。他認為撫番是當務之急，而不可延緩，因為他希望能藉由清內患以安定秩序。〔註67〕劉銘傳認為生番被漢人擠歸山內，原本與漢人相安無事，但後來有些漢人搶劫生番財物，若不幸被生番殺害，則訴諸官府，官府則不問是非，而興師勦辦生番。因此，生番之冤日漸加深，且無官可訴，所以就往往集眾復仇。如此一來可能會導致漢人、生番兩敗俱傷，是以要招撫生番。此外，劉銘傳亦認為撫番不僅有助於防務（可防內亂又可避免外寇勾結生番），而且又可伐內山之木以裕餉源。〔註68〕因此，有人謂劉銘傳撫番對內亦是對外，積極意義大於消極意義。〔註69〕劉銘傳於大料崁及重要番區設撫墾局或分局以進行開山撫番。他除了延續前人的開通道路及勦撫生番外，更為了要讓生番移風易俗，而採取頒憲書、奉正朔、設教條、

〔註62〕張世賢：《晚清治臺政策：同治十三年至光緒二十一年》，頁130～134。
〔註63〕黃曉玲：《晚清治臺政策演變與臺灣政經社會發展（1874～1875）》，頁62。
〔註64〕楊慶平：《清末臺灣的「開山撫番」戰爭（1885～1895）》，頁15。
〔註65〕張世賢：《晚清治臺政策：同治十三年至光緒二十一年》，頁137。
〔註66〕張世賢：〈岑毓英治臺政績〉，《臺灣文獻》28卷1期（1977年3月），頁108。
〔註67〕劉銘傳：「撫番以清內患……為急不可緩」。劉銘傳：《劉壯肅公奏議（二）》（台北：臺灣銀行經濟研究室，1958），頁245。
〔註68〕劉銘傳：《劉壯肅公奏議（一）》，頁148。
〔註69〕郭廷以：《臺灣史事概說》，頁251。

薙髮、立社長，以及設番學堂等措施，以教化生番。〔註70〕

二、台灣建省

台灣建省是台灣史上的大事，而前文已提及，清法戰爭促使台灣建省。台灣建省的動議，植基於沈葆楨〔註71〕。他認為：

> 嘗綜前、後山之幅員計之，可建郡者三、可建縣者有十數，固非一府所能轄。〔註72〕

然而，沈葆楨雖然有此想法，但他卻不贊成台灣建省。這是因為他認為當時台灣別建一省之條件尚且不足，而且台灣與福建彼此相依。於是，他便建議移福建巡撫駐台。〔註73〕而此建議遂於光緒元年（1875 年）被實行，於是福建巡撫以後便於冬春二季駐台，夏秋二季駐省城（福州）。〔註74〕

其後，丁日昌認為要先將台灣切實經營至具有規模後，再自成一省。〔註75〕而袁保恆則於光緒 2 年（1876 年），基於治台須有專駐大臣、福建巡撫半年駐台有缺點，以及閩浙總督可兼辦福建巡撫事等三個理由，而上奏建議改福建巡撫為台灣巡撫。〔註76〕但此建議仍不被採納。之後，岑毓英駐台時，認為彰化之形勢可做為建省之地。〔註77〕至此，台灣建省之時機漸趨成熟。

清法戰爭之後，由於清廷體認到台灣的重要，所以台灣建省之議便再次被提起。左宗棠於光緒 11 年（1885 年）上奏說：

> 今之事勢以海防為要圖，而閩省之籌防以台灣為重地……以形勢言，孤注（案：應為「峙」）大洋，為七省門戶，關係全局甚非淺鮮……

〔註70〕張世賢：《晚清治臺政策：同治十三年至光緒二十一年》，頁 142～146。

〔註71〕關於首先有台灣可建省之想法者，另有一說法。張世賢指出：早在乾隆 2 年（1737 年）時，便有內閣學士兼禮部侍郎吳金提議台灣另設一省，但不被允許。張世賢：《晚清治臺政策：同治十三年至光緒二十一年》，頁 191～192。由此觀之，則張勝彥謂「刑部左侍郎袁保恆是第一位提出台灣建省之議的人」，有待商榷。張勝彥：《台灣建省之研究》（台北：臺灣大學歷史研究所碩士論文，1972），頁 87。

〔註72〕沈葆楨：《福建臺灣奏摺》，頁 3。

〔註73〕同上註，頁 3。

〔註74〕郭廷以：《臺灣史事概說》，頁 233。

〔註75〕同上註，頁 238。

〔註76〕張世賢：《晚清治臺政策：同治十三年至光緒二十一年》，頁 192～193。

〔註77〕張勝彥：《台灣建省之研究》，頁 88。

> 非有重臣以專駐之,則辦理必有棘手之處……將福建巡撫改爲台灣
> 巡撫……於台防善後,大有裨益。〔註78〕

左宗棠在此奏摺之中,贊成之前袁保恆對台灣建省的意見。之後,李鴻章與軍機大臣等人,亦上奏建請改福建巡撫爲台灣巡撫。〔註79〕此建議終於被採納,因此台灣於光緒 11 年(1885 年)獲准建省〔註80〕。

劉銘傳是首任台灣巡撫,雖然他也認爲台灣的情勢可以獨爲一省,但是他卻不贊成台灣立即建省。他認爲:

> 若改設臺灣巡撫,與閩省劃界分疆……即以餉論,以後仍須閩省照
> 常接濟,方能養兵辦防……若認眞招撫,示以恩威,五年之間,全
> 臺生番,計可盡行歸化。然後再籌分省,土地既廣,財賦自充,庶
> 可無勞内地。〔註81〕

從這一段話可以看出劉銘傳對於台灣建省的主張,是與丁日昌較爲接近的。也就是劉銘傳認爲至少要先讓生番全歸化,使台灣無内患,並且招墾,等到台灣財政足以自足時,再行建省。但劉銘傳此建議遭到否決。既然清廷仍決意台灣設省,那麼劉銘傳只有積極建設台灣,而推出許多新政。

而不僅台灣建省,台灣的行政區劃也有了改變與調整。台灣的行政區劃,在康熙 23～61 年(1684～1722 年)是一府(台灣府)三縣(台灣縣、鳳山縣、諸羅縣);雍正元年至同治 13 年(1723～1874 年),則爲一府(台灣府)四縣(台灣縣、鳳山縣、諸羅縣、彰化縣)三廳(淡水廳、噶瑪蘭廳、澎湖廳)。光緒年間,台灣的行政區劃有了大改變(見表 2－2)。首先,是沈葆楨於同治 13 年(1874 年)上奏,建請琅嶠築城設官,並擬縣名爲恆春縣。〔註82〕該建議於光緒元年(1875 年)獲准。

〔註78〕洪安全總編:《清宮洋務始末臺灣史料(四)》,頁 2210～2212。

〔註79〕奏摺言:「台灣爲南洋要區……自通商以後,今昔情形迥異,宜有大員駐紮控制。若以福建巡撫改爲台灣巡撫以專責成,似屬相宜」。同上註,頁 2235～2236。

〔註80〕關於台灣建省的日期,莊吉發指出在《清史稿》中便有光緒 11 年(1885 年)及光緒 13 年(1887 年)二種說法。但根據《上諭檔》之記載,台灣獲准建省是慈禧太后於光緒 11 年(1885 年)9 月初五下懿旨的,因此以光緒 11 年(1885 年)爲台灣建省之始。莊吉發:〈從故宮檔案看清代台灣行政區域的調整〉,頁 139。

〔註81〕劉銘傳:《劉壯肅公奏議(一)》,頁 155～156。

〔註82〕沈葆楨:《福建臺灣奏摺》,頁 23～25。

表 2－2 清治末期台灣行政區域演變表（1875～1895 年）〔註83〕

光緒 1～12 年（1875～1886 年）			光緒 13～21 年（1887～1895 年）		
福建省	台北府	淡水縣	台灣省	台北府	淡水縣
		新竹縣			新竹縣
		宜蘭縣			宜蘭縣
		基隆廳			基隆廳
					南雅廳
	台灣府	台灣縣		台灣府	台灣縣
		彰化縣			彰化縣
		鳳山縣			雲林縣
		嘉義縣			苗栗縣
		恆春縣			埔里社廳
		澎湖廳		台南府	安平縣
		埔里社廳			鳳山縣
		卑南廳			嘉義縣
					恆春縣
					澎湖廳
				台東直隸州	

　　同一年（1875 年）沈葆楨又上奏，認爲台灣北部人口漸增，開港後華洋雜處，而建請台北建府，並分爲三縣：淡水縣、宜蘭縣、新竹縣，以及設基隆廳。〔註84〕該建議於同年獲准。其後，劉銘傳於光緒 13 年（1887 年）上奏，除了認爲可以在彰化橋孜圖建立省城（但臨時省城設在台北〔註 85〕）外，並建請調整行政區劃：台北府轄淡水、宜蘭、新竹三縣，以及基隆、南雅二廳；台灣府轄台灣、彰化、雲林、苗栗四縣及埔里社廳；台南府轄安平、鳳山、嘉義、恆春四縣及澎湖廳；另外，設置台東直隸州。〔註86〕

〔註83〕 薛化元：《臺灣開發史》（台北：三民，1999），頁 88～89。
〔註84〕 同上註，頁 58。
〔註85〕 James W. Davidson 著，蔡啓恆譯：《臺灣之過去與現在》，頁 177。
〔註86〕 劉銘傳：《劉壯肅公奏議（二）》，頁 285～286。

　　沈葆楨與劉銘傳增設郡縣之意義，除了可以鞏固地方外，更可藉此治理生番，而不將其視爲化外。〔註87〕而從此二人對行政區劃之增設與調整，也可看出台灣的政治重心漸趨北移。

第三節　與國際經濟的接軌

　　台灣由於四面環海，以及島上西部多東西向之河流，造成南北陸上交通之障礙，這樣的地理環境，促使台灣人朝海洋發展。再加上台灣的漢人移民多來自福建的泉州、漳州，原鄉的生活方式與海洋性格，也是促使台灣海運貿易發達的原因之一。因此，台灣具有高度貿易取向的特質。

　　林滿紅指出，台灣在 1860 年以前，不同歷史階段的貿易發展爲：17 世紀以前（～1624 年），貿易規模極小；荷治、鄭領時期（1624～1683 年），台灣是中國大陸對外的貿易轉口站；清領初期（1683～1860 年），中國大陸幾乎成爲台灣唯一的貿易對象。〔註 88〕林滿紅亦指出，造成清領初期中國大陸成爲台灣的主要貿易範圍之因，主要是因爲中國大陸與台灣之間的高度「區域分工」。也就是台灣從中國大陸進口手工業產品，而台灣則將農產品出口到中國大陸。此區域分工之形成，乃是台灣當時正值移民社會建立之際，手工業尚未建立，而台灣所生產之農產品又爲中國大陸所需，是以此區域分工才會形成。〔註89〕也因此，台灣在 19 世紀前半葉被稱爲「中國之穀倉」〔註90〕。

　　到了清治末期，由於台灣開放通商口岸，造成台灣的貿易市場大開，而與世界各國的貿易愈加頻繁，也因此清治末期台灣的貿易範圍擴及全世界。以下將先說明台灣通商口岸的開放，再說明國際貿易的增加情形。

一、通商口岸的開放

（一）列強欲獲得台灣通商口岸之原因

　　台灣通商口岸的開放，就如同中國大陸沿海各省通商口岸的開放般，是

〔註87〕 張世賢：《晚清治臺政策：同治十三年至光緒二十一年》，頁 201。
〔註88〕 林滿紅：《四百年來的兩岸分合：一個經貿史的回顧》（台北：自立晚報文化出版部，1994），頁 10～32。
〔註89〕 林滿紅：《茶、糖、樟腦業與臺灣之社會經濟變遷》（台北：聯經，1997），頁 7～9。
〔註90〕 James W. Davidson 著，蔡啓恆譯：《臺灣之過去與現在》，頁 62。

因爲清國戰敗，而與列強簽訂條約開放通商口岸的。

　　原先，列強與清國簽訂之條約只有開放中國大陸的通商口岸。像是清國在道光年間因鴉片戰爭而與英國簽訂之南京條約中規定，開放廣州、福州、廈門、寧波、上海等港口。那麼，何以列強也希望開放台灣的通商口岸？張世賢指出，列強希望能在台灣獲得通商口岸的原因有三：第一，可以作爲遠東商船的中途站；第二，可以作爲增添燃料的停泊站；第三，可以作爲救護船難的保護站。〔註91〕就第一點及第三點來說，因爲台灣的地理位置，不論是西到中國大陸，北到日本，或者是南到南洋，都是處於航線的要點，故可作爲西方列強來華貿易之商船的中途站。而由於台灣附近海面時有颱風侵襲，且台灣海峽亦險惡，故時有外國船隻於台灣附近失事。即使幸運漂至台灣登岸者，亦可能遭受生番之殺害（例如前文所提之羅發號事件、牡丹社事件）。因此，若台灣開放通商口岸，便可作爲救護船難的保護站。

　　再來，就第二點作爲增添燃料的停泊站而言，由於航海業的發達，所以發明了汽船，以燃燒煤炭產生蒸氣爲動力。因此煤對於汽船而言就顯得十分重要。若歐美遠東商船所需的煤炭，由其國家運來補給的話，一方面不方便，另一方面也不經濟。所以，最好的辦法便是就地補給。由於台灣基隆一帶產煤，因而成爲列強亟欲採購的對象。例如，英國曾在道光30年（1850年），要求採購基隆的煤礦，但不被清國所允許。〔註92〕又例如美國也對台灣的煤礦感興趣，希望能在台灣北部設立一加煤站，以供應美國對華輪船之需。因此，美國派人來台灣探勘煤礦，並向清政府商取開採台灣煤礦的權利，但也遭到拒絕。〔註93〕由此看來，當時至少英、美對台灣煤礦的重視，而希望能夠開放台灣的通商口岸，以作爲增添其對華商船燃料的停泊站。

　　而美國除了要求開放台灣的通商口岸外，也曾有過購買台灣土地，或是佔領台灣的想法，但美國當時國內有內戰的危機，於是上述兩項建議便未被採納。〔註94〕至於英國，由於採購基隆煤礦的要求不被允許，因此便以「福

〔註91〕張世賢：《晚清治臺政策：同治十三年至光緒二十一年》，頁11。

〔註92〕英國希望採購基隆的煤炭，但清廷官員認爲「臺灣非通商之地……雞籠山爲全臺總脈……久禁開挖以培風水，斷非官員所能勉強；此事斷不能行」、「煤炭爲日用所需，五口皆可隨時採買」等理由，予以拒絕。臺灣銀行經濟研究室編：《籌辦夷務始末選輯補編》（台北：臺灣銀行經濟研究室，1967），頁32、38。

〔註93〕黃嘉謨：《美國與臺灣》，頁58～69。

〔註94〕James W. Davidson 著，蔡啓恆譯：《臺灣之過去與現在》，頁120。

建港口不好，虧折甚多」〔註95〕為理由，希望能夠換取台灣的港口。此外，台灣豐富的物產，也被列強認為是有潛力的市場，所以希望能夠開放通商口岸而合法地在台灣貿易。〔註96〕於是列強便漸漸蘊釀開放台灣通商口岸的要求。

（二）台灣開放之通商口岸

　　列強希望開放台灣通商口岸的願望，終於在咸豐6年（1856年）的英法聯軍之役中，得以實現。該年英國、法國分別以「亞羅號事件」及「西林教案」為藉口，聯合出兵攻打清國。而此次戰役的結果，是清國於咸豐8年（1858年）與列強簽訂天津條約。

　　雖然英法聯軍之役是由英、法兩國出兵，但是實際上清國卻與俄、美、英、法四國，簽訂天津條約。何以俄國、美國未出兵，清國仍與其簽訂天津條約？就俄國而言，雖然其與英、法不合而未參與出兵行動，但為了自身利益打算，便乘清國之危而與之簽訂天津條約。〔註97〕至於美國，其主要目的是尋求合法的貿易，而非擴張領土；而英、法兩國出兵的真正目的，也是希望清國擴大貿易範圍、准許自由傳教、肅清海盜……等，與美國的目標相同，於是美國便僅在外交上予以支持，而未參與軍事行動。〔註98〕

　　俄、美二國早先英、法一步，與清國簽訂天津條約，而促使台灣開放貿易。〔註99〕而在俄、美、英、法四國的天津條約中，俄國、美國、英國的部分，僅要求開放台灣（安平）一港通商；但法國的部分，除了要求開放台灣（安平）港外，也列入淡水。但因各國條約中均有提及「一律照辦」、「一體均霑」等最惠國待遇條款，所以俄、美、英三國亦可至淡水通商。〔註100〕其後，清國與其他列強簽訂的條約中，也都有提到開放台灣的通商口岸，或是最惠國待遇（見表2－3）。所以，各國得以至台灣通商。

〔註95〕臺灣銀行經濟研究室編：《籌辦夷務始末選輯補編》，頁34。
〔註96〕戴寶村：《清季淡水開港之研究（1860～1894）》（台北：臺灣師範大學歷史研究所碩士論文，1983），頁33。
〔註97〕郭廷以：《臺灣史事概說》，頁193。
〔註98〕黃嘉謨：《美國與臺灣》，頁161。
〔註99〕俄約、美約、英約、法約分別於咸豐8年（1858年）6月13、18、26、27日簽訂。郭廷以：《臺灣史事概說》，頁193。
〔註100〕戴寶村：《清季淡水開港之研究（1860～1894）》，頁35～36。

表 2－3 清國與列強簽約開放之台灣港埠一覽表 [註 101]

簽約國家	簽約年代	條約名稱	開埠之港口
俄羅斯	咸豐 8 年（1858）	天津條約	台灣（即安平，以下同）
美利堅	咸豐 8 年（1858）	天津條約	台灣
英吉利	咸豐 8 年（1858）	天津條約	台灣
法蘭西	咸豐 8 年（1858）	天津條約	台灣、淡水
布魯斯（德國）	咸豐 11 年（1861）	天津條約（沿用 1858 年之天津條約）	台灣、淡水
葡萄牙	同治 1 年（1862）	和好貿易條約	台灣、淡水
丹麥	同治 2 年（1863）	北京條約（沿用 1860 年之北京條約）	台灣、淡水
荷蘭	同治 2 年（1863）	天津條約（沿用 1858 年之天津條約）	台灣、淡水
西班牙	同治 3 年（1864）	天津條約（沿用 1858 年之天津條約）	台灣、淡水
比利時	同治 4 年（1865）	北京條約（沿用 1860 年之北京條約）	台灣、淡水
義大利	同治 5 年（1866）	北京條約（沿用 1860 年之北京條約）	台灣、淡水
奧地利	同治 8 年（1869）	通商條約	台灣、淡水
日本	同治 10 年（1871）	通商章程	台灣、淡水
秘魯	同治 13 年（1874）	通商條約	一體均霑
巴西	光緒 7 年（1881）	和好通商條約	一體均霑

　　因此，台灣之開港 [註 102]，始於咸豐 8 年（1858 年）簽訂之天津條約 [註 103]。其後，法國於咸豐 11 年（1861 年），獲清廷之同意而追加開放基隆港，以作爲淡水的附屬港。而英國則於同治 3 年（1864 年），獲得打狗之開放，而

[註 101] 張世賢：《晚清治臺政策：同治十三年至光緒二十一年》，頁 12～13。

[註 102] 此處所指之台灣開港，與林滿紅所指相同，是指台灣「首次正式對東亞、東南亞以外的國家開放通商」，而非台灣首次對外開放通商。林滿紅：《茶、糖、樟腦業與臺灣之社會經濟變遷》，頁 2。

[註 103] 此爲名義上之開港時間，也就是條約簽訂的時間。但是，天津條約直到咸豐10 年（1860 年）才獲得批准，所以台灣實際上於 1860 年開港。同上註，頁 1。

爲台灣（安平）之附屬港。〔註104〕此後台灣之通商口岸，便以淡水、台灣（安平）爲正口，基隆、打狗爲附屬港。而淡水、基隆、打狗、台灣（安平）之海關，則分別在同治元年（1862年）、同治2年（1863年）、同治3年（1864年）、同治4年（1865年）設立。〔註105〕至於常駐性之領事館，則只有英國設置，設立在淡水〔註106〕和打狗。

　　何以列強會選擇台灣（安平）、淡水、基隆、打狗爲通商口岸？這是因爲地理條件之因素而使然。就水深而言，1840～1860年間，台灣所有港口中，條件還算不錯者，僅有基隆、打狗、台灣（安平）與淡水（四港口之地理條件見表2－4）〔註107〕。此外，台灣府長久以來是台灣的行政中心，淡水則是台北盆地的出海口，基隆的交通地位重要（有道路通往宜蘭），這些地理因素亦影響了列強對通商口岸的選擇。

表2－4 台灣四個通商口岸之地理條件〔註108〕

港　口	1840 年代	1860 年代
滬尾（淡水）	口深1丈7、8尺，港內深1丈2、3尺或8、9尺	海口深2丈餘，5、6百石之船隨時出入，5、6百石以上大船須俟漲潮出入
基隆	澳內水深2丈有餘	口門海深3丈，大小船隻均得進出
台灣（安平）	安平大港：水深1丈 四草：商貨入口仍易 郭賽港：深2丈1尺，大船多收泊於此 二鯤鯓：小舟可登岸	安平大港：水深5、6尺至8、9尺 四草：冬春可繫舟 鹿耳門：深2、3尺，容竹筏往來 國賽港〔註109〕：台郡最寬深之新港
打狗	口門淺窄，外有沙坪，大船不入	旂後港：1丈2尺至1丈4、5尺

〔註104〕James W. Davidson 著，蔡啓恆譯：《臺灣之過去與現在》，頁121。
〔註105〕戴寶村：《近代台灣港口市鎮之發展——清末至日據時期》（台北：臺灣師範大學歷史研究所博士論文，1988），頁78。
〔註106〕英國原先欲在台灣府設置領事館，但因其第一任領事郇和（Robert Swinhoe）認爲台灣府治安及衛生欠佳，且淡水的貿易前途較爲有望，於是便將辦公處移至淡水。James W. Davidson 著，蔡啓恆譯：《臺灣之過去與現在》，頁121～122。
〔註107〕此外，尚有蘇澳港水勢寬深，條件算是理想，但因地處偏僻，故未被列強選爲通商口岸。戴寶村：《近代台灣港口市鎮之發展——清末至日據時期》，頁70。
〔註108〕同上註，頁67～69。
〔註109〕國賽港、郭賽港或國聖港係指同一港口，在今台南市七股區。

而此四港口日後的發展則呈現南部二港口發展趨遲緩，北部二港口則快速發展之趨勢。戴寶村指出：進出台灣（安平）、打狗之船隻，自 1880 年以後（1884、1891 年除外），即無明顯成長；而出入淡水（含基隆）之船舶數自 1886 年以後，即一直超過南部二港（前面也有幾年超越）。1880 年代淡水已成爲台灣最大貿易港。〔註 110〕此外，就洋行數量來看，在大稻埕有 8 家，安平及淡水各有 7 家，打狗有 4 家〔註 111〕，台南府城有 2 家，基隆有 1 家。〔註 112〕也就是在南部之洋行共有 13 家，在北部則有 16 家。以上皆可看出開港後北部二港較南部二港發展快速之趨勢。

二、開港後之國際貿易

台灣開放通商口岸以後，不僅貿易範圍擴大，而且出口之商品也愈來愈市場取向。就貿易範圍擴大而言，如同前文所述，開港以前台灣的貿易範圍是以中國大陸爲主；開港以後，西方列強的經濟力量滲入台灣，透過洋行，台灣的商品可以外銷至世界各地。也因此，原本對外貿易就發達的台灣，開港後則更加仰賴貿易。像是 1863～1893 年間，進出淡水、基隆、台灣（安平）、打狗四港口的船隻數，由 364 艘增至 564 艘，意即增加 1.55 倍。而總噸數則由 68,362 噸增至 339,897 噸，也就是成長 4.97 倍。〔註 113〕而船舶平均噸位則由 192 噸增至 602 噸，意即成長 3.14 倍。〔註 114〕由此可以看出台灣對外貿易之興盛。所以，比起其他省分的條約港，台灣每人分攤的貿易額也就較高。〔註 115〕

再來，就出口商品市場取向化而言，此一現象亦爲台灣貿易範圍擴大導致的結果。在開港以前，台灣主要的輸出品是米、糖；但開港以後，茶、糖與樟

〔註 110〕戴寶村：《近代台灣港口市鎮之發展——清末至日據時期》，頁 85～88。

〔註 111〕設在打狗之洋行原有 7 家，後來怡和洋行（Jardine Matheson & Co.）及德記洋行（Tait & Co.）遷至大稻埕，甸德洋行（Dent & Co.）關閉，所以最後只剩 4 家。同上註，頁 80。

〔註 112〕同上註，頁 78～84。

〔註 113〕戴寶村：《近代台灣港口市鎮之發展——清末至日據時期》，頁 85。

〔註 114〕戴寶村指出：此現象主要是航運業漸發達，載運量大、速度快之汽船（steamships）逐漸取代帆船（sailing vessels）之故。同上註，頁 88。

〔註 115〕以 1879 年爲例，台灣每人分攤之貿易額爲 3.33 海關兩；福建、廣東則在 2～3 海關兩之間；而湖北、江蘇、盛京、安徽、山東、江西、浙江、直隸則不足 2 海關兩。到了 1894 年，台灣每人分攤之貿易額更高達 5 海關兩。林滿紅：《茶、糖、樟腦業與臺灣之社會經濟變遷》，頁 6～7。

腦便取而代之，成爲台灣三大出口品。在開港之初，仍有台米的出口〔註116〕，但其後出口量漸減〔註117〕，以致於其出口值在 1868～1895 年間僅佔出口總值之 0.74%（見表 2-5）。反觀茶、糖、樟腦這三項出口品，在開港後從 1868～1895 年間，其出口值分別佔出口總值之 53.49%、36.22%、3.93%（見表 2-5 及圖 2-1）。意即光是茶、糖、樟腦三項，就佔了當時出口總值的近 95%（其中茶、糖二項更佔了將近 90%）。至於開港前列強重視的台灣煤炭，在開港後僅爲第四大出口品，而其出口值僅佔出口總值的 1.58% 而已（見表 2-5）。

表 2-5　1868～1895 年台灣茶、糖、樟腦、煤、米之出口概況〔註118〕
單位：海關兩

數值\出口品	茶	糖	樟腦	煤	米
出口值	53,319,692	36,102,992	3,913,838	1,571,713	734,801
佔出口總值〔註119〕之比例	53.49%	36.22%	3.93%	1.58%	0.74%

圖 2-1　1868～1895 年台灣出口概況圓餅圖

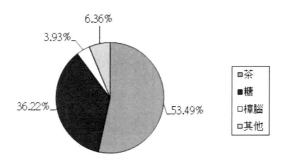

3.93%　6.36%　36.22%　53.49%

茶　糖　樟腦　其他

〔註116〕例如：1861 年的輸出品有米、靛藍、糖、樹皮、花生油餅、樟腦、煤、苧麻、木材、藤、茶葉、鹹菜、豆類、大麥、小麥及硫黃。James W. Davidson 著，蔡啓恆譯：《臺灣之過去與現在》，頁 122。

〔註117〕台米之進出口，至 1879 年以前，大致是出口大於進口，例如 1879 年台米仍有 9,832 海關兩之出超；而 1880～1895 年，台米則大致呈現進口大於出口，例如 1895 年台米入超 129,580 海關兩。而由於 1880 年以後台米入超嚴重，以致於 1868～1895 年台米仍有 746,535 海關兩之入超。由此便可看出稻米在台灣出口品地位之消長。林滿紅：《茶、糖、樟腦業與臺灣之社會經濟變遷》，頁 12。

〔註118〕同上註，頁 3～5、12。

〔註119〕出口總值＝99,683,590 海關兩。

　　台灣在 1860～1895 年間，是世界主要的茶產地之一。台灣茶在開港後，輸出量大增，1871～1896 年其輸出量之成長率高達 1,186.70%〔註 120〕。台茶輸出之高度成長，主要是取代了廈門、福州之茶的輸出。〔註 121〕台灣的茶自北部至中部皆有生產，但以北部所產者較佳。出口之台茶則有烏龍茶及包種茶，但以烏龍茶爲主。〔註 122〕烏龍茶主要是銷往美國〔註 123〕，包種茶則輸往南洋。1867～1895 年，台茶之價格約提高 2 倍，價格波動（即變異數，Variance）則爲 14.5。〔註 124〕而茶的貿易獲利頗豐，以 1881 年爲例，利潤率至少有 50%。〔註 125〕是以台茶在開港後成爲主要的出口品。

　　而台灣幾乎到處皆有種植甘蔗，但由於地理因素的影響，因此以中南部較適合種植。台灣出口的糖分爲赤糖與白糖，在北部甘蔗只用來製作赤糖，而南部則赤糖、白糖皆有。〔註 126〕1867～1894 年，台糖之價格僅提高 0.4 倍，價格波動（變異數）則僅 0.1，因此糖的價格較穩定。〔註 127〕而赤糖之利潤率約在 10%以下，白糖之利潤率則約爲 7%〔註 128〕。雖然糖的利潤不高，但其出口量仍大致呈現成長。1865～1895 年，其出口量之成長率達 385.55%〔註 129〕。台灣的糖主要銷往中國大陸及日本。在開港初期，大部分皆銷往中國大

〔註 120〕台茶 1871 年之輸出量爲 1,502,100 磅，1896 年之輸出量爲 19,327,500 磅，成長率爲 1,186.70%。James W. Davidson 著，蔡啓恆譯：《臺灣之過去與現在》，頁 258。

〔註 121〕林滿紅：《茶、糖、樟腦業與臺灣之社會經濟變遷》，頁 21。

〔註 122〕以包種茶出口最多之 1894 年爲例，該年包種茶出口 17,176.83 擔（1 擔爲 133 磅），而烏龍茶則出口 136,825.79 擔，包種茶之出口量僅佔該年台茶總出口量的 11.15%而已。同上註，頁 45。

〔註 123〕美國每年約需 1,200 萬磅的台灣烏龍茶，當時出口之台茶有 9 成都銷往美國。而當時台灣與美國貿易之頻繁，亦可由陶德（Dodd）在其《北台封鎖記》一書中使用 "whiskey" 一詞看出。這是因爲 whiskey 是指美加所產的威士忌，而無 e 的 whisky 則指英國產的威士忌。陶德（John Dodd）著，陳政三譯述：《北台封鎖記——茶商陶德筆下的清法戰爭》，頁 73、82、117。

〔註 124〕林滿紅：《茶、糖、樟腦業與臺灣之社會經濟變遷》，頁 40。

〔註 125〕同上註，頁 96～97。

〔註 126〕James W. Davidson 著，蔡啓恆譯：《臺灣之過去與現在》，頁 307。

〔註 127〕林滿紅：《茶、糖、樟腦業與臺灣之社會經濟變遷》，頁 40。

〔註 128〕同上註，頁 98～99。

〔註 129〕1865 年台糖之出口量爲 19,403,636 磅，1895 年之出口量爲 94,214,274 磅，成長率爲 385.55%。James W. Davidson 著，蔡啓恆譯：《臺灣之過去與現在》，頁 315～316。

陸，但 1874～1891 年銷往中國大陸的比例則降至 50%以下。〔註 130〕

　　台灣是世界主要的樟腦產區。樟腦取自樟樹，全台山區皆有樟樹，但以北、中部較多且較有經濟價值。〔註 131〕台灣 1868～1895 年樟腦之出口量，幾乎皆超越另一樟腦產地——日本之出口量〔註 132〕；此期間台灣樟腦出口量之成長率達 335.23%〔註 133〕。1860～1895 年台灣的樟腦主要銷往歐美國家及印度。〔註 134〕而 1867～1894 年，台灣樟腦之價格約提高 1.6 倍；1868～1895年價格的變異數則爲 29.7。〔註 135〕意即樟腦的價格波動幅度很大。其利潤在1889 年以前尚屬微薄，1889 年以後才大幅增加。〔註 136〕

　　由於台灣在開港後出口增加，造成台灣 1878～1895 年持續出超。〔註 137〕也由於國際貿易的頻繁，使得台灣 1863～1895 年之關稅收入，達到 1,600 餘萬海關兩，平均每年之關稅近 50 萬海關兩，而成爲該期間台灣之主要歲入來源。〔註 138〕此外，台灣清末三大出口品中，茶及樟腦之主要產地皆在台北，僅糖之主要產地在南部，這促使北部貿易漸較南部興盛，而造成台灣經濟重心之北移。

〔註 130〕林滿紅：《茶、糖、樟腦業與臺灣之社會經濟變遷》，頁 24～25。

〔註 131〕James W. Davidson 著，蔡啓恆譯：《臺灣之過去與現在》，頁 282。

〔註 132〕林滿紅：《茶、糖、樟腦業與臺灣之社會經濟變遷》，頁 36。

〔註 133〕1868 年台灣樟腦之出口量爲 1,593,473 磅，1895 年爲 6,935,285 磅，成長率爲335.23%。James W. Davidson 著，蔡啓恆譯：《臺灣之過去與現在》，頁 303～304。

〔註 134〕林滿紅引用 James W. Davidson 之數據於其書，並稱該數據爲 1893～1897 年5 國（德、美、英、法、印度）進口台灣樟腦之數量。林滿紅：《茶、糖、樟腦業與臺灣之社會經濟變遷》，頁 37。然而，James W. Davidson 有說明其數據爲 5 國之樟腦「平均消費量」，而非「進口自台灣的數量」。此亦可由台灣樟腦之出口量來檢驗。此期間該 5 國平均消費 800 餘萬磅樟腦，然而台灣該期間之平均出口量，僅爲 600 餘萬磅而已。James W. Davidson 著，蔡啓恆譯：《臺灣之過去與現在》，頁 304～305。若 James W. Davidson 之數據爲進口自台灣的數量，則不可能大於台灣之出口量。所以，該 5 國除進口台灣之樟腦外，應也有進口他國樟腦。因此，林滿紅書中該數據之說明有待商榷。

〔註 135〕林滿紅：《茶、糖、樟腦業與臺灣之社會經濟變遷》，頁 40。

〔註 136〕同上註，頁 99～101。

〔註 137〕台灣 1868～1877 年幾乎是入超，最高入超 40 萬海關兩；1878 年之後，則一直出超，最高出超近 200 萬海關兩。同上註，頁 154。

〔註 138〕同上註，頁 163～165。

第三章　政治與教育的議論

　　時局的變動，往往激發文人的省思，而書寫相關的議論。清治末期的台灣，正是處於這樣的時空環境，是以此一時期的散文中，有許多的政治議論。另外，教育是施政重要的一環。清治末期的台灣，除了原有的漢人教育機制外，也出現了西洋人在台興學。此一變遷，也激發了相關的議論書寫，是以本章探討的重點著重在政治及教育此二大面向。其中，政治方面的議論又分為台灣地位與對外關係，以及洋務運動此二方面來討論。〔註1〕

第一節　台灣地位與對外關係之議

　　如同前一章所述，清治末期的台灣，由於列強的覬覦與侵擾，造成台灣的動盪與不安。在這樣的背景下，人們是否重視台灣的地位？對於與外國的關係，又有何看法？本節將從台灣地位與對外關係此二面向，來探討相關的論述。

一、台灣地位的議論

　　康熙22年（1683年），鄭克塽降清。當時台灣在清帝國眼中的地位，正如沈葆楨所言：「竊惟臺灣，始不過海外荒島耳」〔註2〕。也因為台灣被視為

〔註1〕　此一時期的其他政治議論主題，如史論散文（例如吳德功之《戴案紀略》及《施案紀略》）的探討，可參見林淑慧：《台灣清治時期散文的文化軌跡》，頁261～269；吏治管理評論的探討，則可參見林淑慧：〈清末台灣政經思想——以文人論述為主軸〉，收入莊萬壽編：《第四屆台灣文化國際學術研討會論文集》（台北：台師大台文所，2005），頁95～96。
〔註2〕　沈葆楨：《福建臺灣奏摺》，頁55。

一海外荒島，因此，當時清廷有棄留台灣之議。對於是否該留有台灣，當時大多數的大臣是持否定意見，其理由則不外乎是領有台灣沒有益處，即使要守，只要守澎湖即可。而主張要領有台灣者，則有李公鶚、趙士麟、蘇拜等人。〔註3〕其中，以施琅所上奏的〈恭陳臺灣棄留疏〉影響最深。施琅分別從戰略地位及物產等方面，來分析台灣確實有其保留之價值，而不可放棄。〔註4〕最後，康熙採納了施琅的意見，保留台灣。

到了清治末期，經過了清帝國將近二百年統治的台灣，其地位是否仍如被清國領有之初般，只是被視為一荒島呢？首先，就澎湖的重要性而言，清國領台之初，無論是否贊成留有台灣者，大多贊成扼守澎湖。而清治末期，文人們仍舊認為澎湖有其重要性。例如，池志澂說：

> 國家以澎湖克而鄭氏降，澎湖存而全臺復，謂臺灣形勢全在澎湖……
> 實則澎湖雖非全臺控制，而臺廈之衝有此巨鎮，果能設屯重兵，彼縱橫海上者又安敢越澎湖飛渡而絕無顧忌耶。〔註5〕

池志澂雖然不贊成澎湖為控制全台之地的說法，但是他仍肯定澎湖有其作用，亦即他認為澎湖可以作為台廈之間，一處制衡縱橫海上者之地。

蔣師轍也是抱持和池志澂上述一樣的看法。他分析澎湖的形勢，認為澎湖各島環列，中間可泊巨船數十艘，而且出入不受潮汐影響；此外，澎湖內外皆有屏蔽，因此，不僅可做為息避風濤之處，也可以做為往來策應之地。〔註6〕雖然澎湖有此形勢，但由於今昔狀況不同，所以澎湖的重要性不若以往。他分析說：

> 不同有三：全臺畸重，昔在於南，實有唇齒之勢，今則偏北，去澎湖遠，一也；昔皆颿船，待風而勁，微澎湖亡所憑寄，今則輪舶駸突，輕狎波濤，二也；昔張撻伐，攻之自外，不得澎湖，無以收鹿

〔註3〕王詩琅著，張良澤編：《清廷臺灣棄留之議》（台北：海峽學術，2003），頁1～2。

〔註4〕施琅：「臺灣……乃江、浙、閩、粵四省之左護……野沃土膏，物產利薄……守臺灣則所以固澎湖……即為不毛荒壤，必藉內地輓運，亦斷斷乎不可棄」。施琅：《靖海紀事》（台北：臺灣銀行經濟研究室，1958），頁59～62。此外，關於清廷棄留台灣之議的詳細情形，可參見湯熙勇：〈論清康熙時期的納臺爭議與臺灣的開發政策〉，《臺北文獻》直字114期（1995年12月），頁26～33。

〔註5〕池志澂：《全臺遊記》，收於臺灣銀行經濟研究室編：《臺灣遊記》（台北：臺灣銀行經濟研究室，1960），頁9～10。

〔註6〕蔣師轍：《臺游日記》（台北：臺灣銀行經濟研究室，1957），頁114～115。

　　耳、安平之功，今憂外侮，禦之自內，雖有澎湖，不能解雞籠、滬
　　尾之禍：三也。雖然，亦就方今武備言耳，果令主客之情，我強敵
　　弱，良將勁卒，橫海耀威，狡虜不能以遊弋自雄，援軍不致有偷渡
　　之恥，此格彼擊，亦安見培鹿東番，澎湖真不足掎其足者！〔註7〕

雖然蔣師轍認為今昔全台重心不同、船的動力不同、攻禦狀況不同，所以澎湖不足恃，但他仍認為「其為臺患實深，故雖不能恃為藩籬，亦決不得棄為甌脫……但求自安，因無滋他族逼處而已」〔註8〕。從這裡可以看出蔣師轍雖然沒有將澎湖看得很重要，但也沒有否定留有澎湖之價值。

　　當時文人、官員對於澎湖的看法是如此，那麼對台灣的看法呢？大抵而言，文人或官員們皆體認到台灣今昔地位的變化。例如，劉銘傳說「雍、乾之間……海宇澄清，昇平無事，朝廷視臺灣一島，無足重輕。現在海上多事，臺灣為海疆險要之區，奉詔改為行省，事繁費巨，今昔懸殊」〔註9〕。從這裡便可看出台灣在清治末期時的地位，大大地提升。那麼，究竟當時的人們認為台灣的地位有多重要呢？大致而言，當時的人們皆認同台灣的地位很重要。例如，李春生說：

　　以形勢而論，枕橫閩、浙各口，貫通西、北二洋，為東南七省咽喉
　　重地。其利害也，有若唇齒之關，得之，藉以振國威，保疆宇；失
　　之，不但辱國體，資敵勢，且沿海七省因其戕，水師一帶受其制。
　　外侮一動，內患亦惑。臺灣一島，關繫中華全局，自宜加意保守，
　　萬勿疎忽輕視。〔註10〕

從這段話可以看出李春生認為台灣不僅是南洋門戶、七省藩籬，且與福建唇齒相依，甚至關繫全中華，可以振國威、保疆宇。

　　李春生的身分是買辦，他如此重視台灣的地位，而官員、文人們也是抱持相同的看法。例如羅大春稱台灣「閩左藩屏、七省門戶」、「有關於沿海全局」、「臺灣安危……關繫南、北洋全局也」〔註11〕；吳子光說「臺灣……上

〔註7〕同上註，頁115。
〔註8〕同上註，頁115。
〔註9〕劉銘傳：《劉壯肅公奏議（三）》，頁303。
〔註10〕李春生：《主津新集》，收於李明輝、黃俊傑、黎漢基編：《李春生著作集（第二冊）》（台北：南天，2004），頁9。
〔註11〕羅大春：《臺灣海防並開山日記》（台北：臺灣銀行經濟研究室，1972），頁60、9、59。

達天津，外控四裔，爲東南七省門戶」〔註12〕；唐贊袞認爲「臺灣……非但閩、臺脣齒相依……沿海各省亦相維繫」〔註13〕。何以這些人如此看重台灣？其原因正如劉銘傳所言：「臺灣……各國無不垂涎，一有釁端，輒欲攘爲根據」〔註14〕。正因爲台灣「地大物博，取多用宏」，所以官員、文人們擔心，一旦台灣被外國據以爲質，則「南北洋務將無安枕之日，是誤臺即誤國矣」〔註15〕。因此，台灣此一彈丸地「地雖褊遠，實爲東南數省藩籬，臺灣安則數省俱安」〔註16〕、「臺灣不失則東南半壁屹若長城，臺灣若失則沿海諸省豈遂保百年無事乎？」〔註17〕。

　　從上述對台灣地位的議論中，可以發現這些文人、官員的觀點，正好呼應了施琅當初上奏力求留有台灣的理由，也就是台灣可做爲藩籬，保障東南沿海的安寧。然而，上述的議論，皆是將台灣視爲一藩籬。雖然此一藩籬重要到可以影響全國，但終究只是清帝國的一個藩籬罷了。但是李春生有不一樣的觀點，他認爲台灣「此島險要地利，設或自立門戶，亦足於海內稱雄」〔註18〕，也就是說台灣擁有自立門戶的條件。然而，史久龍的觀點卻和李春生不同。他認爲：

> 臺灣固屬南洋門戶……無事時一巡道率兵守之已有餘，有事時乃四
> 面受敵之地，孤懸海外，必須閩、廣、江、浙四路合救，方保無虞。
> 〔註19〕

史久龍固然認同台灣爲南洋門戶，但是他認爲台灣一旦有事，仍需閩、廣、江、浙四省來救。如此，則台灣是否仍能自立門戶、海內稱雄？

　　以上所探討的台灣地位之議論，皆爲清國國民之言論（不論其身分爲官員、文人或買辦）。但是有一例外，是出自1875年某位佚名的外國人之論述。（就筆者所閱讀的外國人之文本中發現，極少有對於台灣地位的議論。）該位佚名的外國人說：

〔註12〕吳子光：《一肚皮集》，收入黃哲永、吳福助主編：《全臺文（第十冊）》（台中：文听閣圖書，2007），頁53。

〔註13〕唐贊袞：《臺陽見聞錄（一）》（台北：臺灣銀行經濟研究室，1958），頁3。

〔註14〕劉銘傳：《劉壯肅公奏議（一）》，頁106。

〔註15〕劉璈：《巡臺退思錄（三）》（台北：臺灣銀行經濟研究室，1958），頁256。

〔註16〕丁紹儀：《東瀛識略》（台北：臺灣銀行經濟研究室，1957），頁42。

〔註17〕池志澂：《全臺遊記》，收於臺灣銀行經濟研究室編：《臺灣遊記》，頁16。

〔註18〕李春生：《主津新集》，收於李明輝、黃俊傑、黎漢基編：《李春生著作集（第二冊）》，頁14。

〔註19〕史久龍：《憶臺雜記》，頁18左。

中國與日本之間一次敵意的接觸，他們龐大的軍隊，加上與日俱增
的汽艇艦隊等，對印度不會沒有影響。印度若受到影響，則表示英
國必須警惕。故即使只是一個沒沒無聞的福爾摩沙島，卻隨時有可
能成為我們西方的麻煩之源呢。〔註20〕

有別於清國國民認為台灣為東南沿海之藩籬，甚至足以影響清國，該外國作者
認為台灣的影響力更大。他從日本遠征台灣的事件（即牡丹社事件）中觀察到，
台灣導致清、日二國敵意的接觸，但這不僅止於影響清、日二國罷了，還會影
響到印度，進而影響英國，最後，甚至可能成為「西方的麻煩之源」。所以，該
外國作者對於台灣地位的看法，認為台灣安危的影響力，是國際性、世界性的。

　　綜觀上述各有關台灣地位之議論，皆為肯定台灣地位的重要。

二、對外關係的議論

　　清治末期的台灣，與國際的接觸愈加頻繁。這些接觸，不僅在於經濟方
面，同時在軍事方面也有所接觸，像是前一章已提及的，清治末期影響台灣
深遠的兩大國際事件——牡丹社事件及清法戰爭。對於牡丹社事件及清法戰
爭此二大國際事件，當時的人們有何評論？

　　首先，就牡丹社事件來看，牡丹社事件是起因於琉球船員被台灣生番殺
害，而日本為此出兵台灣。對於日本此一行為，清國的官員與文人們當然皆不
認同，且加以斥責。那麼，外國人呢？外國人是否也不認同此一行為？就筆者
所閱讀的文本來看，外國人的立場是與清國的官員與文人們相反的，亦即他們
贊成日本出兵台灣、討伐生番。例如，美國的史蒂瑞（Joseph Beal Steere）說：

就我們對這些人（案：指生番）的瞭解，任何國家想消滅他們都是
合理的。中國人未能及早做到，就已遭受責備。有好幾個歐洲的船
員曾因船難逃到陸地上，由生還者得知，他們為「野蠻人」所殺害。
由於一艘日本戎克船在東海岸翻船，船員被謀害事件，中國政府目
前正跟日本有紛爭。日本政府要求中國負責，做為占有福爾摩沙島
的藉口。〔註21〕

〔註20〕 佚名：〈福爾摩沙與日本人〉，收於費德廉、羅效德編譯：《看見十九世紀臺灣
　　　　——十四位西方旅行者的福爾摩沙故事》，頁146。
〔註21〕 史蒂瑞（Joseph Beal Steere）：〈來自福爾摩沙的信件〉，收於費德廉、羅效德
　　　　編譯：《看見十九世紀臺灣——十四位西方旅行者的福爾摩沙故事》，頁94。

史蒂瑞雖然知道日本出兵只是想佔有台灣，但是他對於日本想要消滅生番，使用了「合理的」此一字眼（並稱生番為「野蠻人」）。史蒂瑞如此評論，很顯然的，是因為文中所說的許多歐洲船員也曾被生番殺害。

不僅史蒂瑞有此觀點，英國的泰勒（George Taylor）也有相同的看法。他說「牡丹社（Botans）是最狂暴的部族，蔑視所有的法律。日本遠征就是專為對付此部族，給予了他們應得的懲戒。」〔註22〕泰勒也是使用負面的詞彙「狂暴」來形容牡丹社，並且也認為其被討伐是「應得的懲戒」。從史蒂瑞及泰勒的論述中可以發現，其二人皆是從法律的觀點來看待牡丹社事件，由於生番濫殺人，所以日本出兵也就被合理化。日本當時出兵台灣的理由之一，即是清國官員認為番界屬化外之地，不歸清國管轄；那麼，一般文人是否也有相同的看法呢？以龔柴為例，他說：「山之東……為生番之地。自為生聚獵獸為業，從未入中國版圖」〔註23〕。由此可以看出當時清國的一般文人也有番界屬化外的想法。

至於牡丹社事件的後續處理，當時有人反對賠款，但李春生卻認為賠款是可行的。他說：

> 或謂酬款一節，有礙國體，此乃孺子之見也。試觀英國富強天下，戰艦雲集，海國稱雄，為盟主於東土，執牛耳於歐洲，前為亞剌巴麻之事，竟至賠酬美國鉅款。識者咸佩彼國多仕，深謀洞悉，固能為國家保全大局。〔註24〕

李春生以英國為例，指出此一海上霸權的國家尚且賠款美國，而保全國家大局，那麼清國賠款日本又有何礙國體？〔註25〕從這裡也可看出李春生雖然只是買辦，但卻對國際局勢、世界脈動相當瞭解，此乃得力於他對西方報章雜誌及書籍的大量閱讀，而能增廣見聞。李春生此一背景所造就的，正是林淑慧所稱，其在台灣清治後期文化場域的位置。〔註26〕是以吳文星稱李春生「雖

〔註22〕泰勒（George Taylor）：〈福爾摩沙的原住民〉，收於費德廉、羅效德編譯：《看見十九世紀臺灣——十四位西方旅行者的福爾摩沙故事》，頁272。

〔註23〕龔柴：《臺灣小志》，收於《臺灣文獻匯刊（第五輯第三冊）》，頁317～318。

〔註24〕李春生：《主津新集》，收於李明輝、黃俊傑、黎漢基編：《李春生著作集（第二冊）》，頁11～12。

〔註25〕有關李春生提出之如何因應牡丹社事件的論述，吳文星已有相關的討論，請參見吳文星：〈清季李春生的自強思想——以臺事議論為中心〉，收於李明輝編：《李春生的思想與時代》（台北：正中，1995），頁114～122。

〔註26〕林淑慧：《台灣清治時期散文的文化軌跡》，頁279～285。

身處海隅……其見識之務實高明，較諸朝廷重臣不遑多讓」〔註27〕。而關於牡丹社事件的議論，除了聚焦在清、日二國以外，吳子光也由此事議論到英國。他說：「又是役也，主兵者日本非嘆夷，嘆夷尤險毒……安知彼不觀鷸蚌相持，思于此中規取漁人之利哉！」〔註28〕吳子光認爲英國會趁此時機坐收漁翁之利，故也須加以提防。

而清法戰爭的相關議論，龔柴評論法國此舉爲「悖理逆天」，甚至將其妖魔化，稱其「妖氛醜燄」。〔註29〕此外，劉璈也有所評論。他說：

> 第此次法艦來基，始因引港不肯，繼欲宰牛不從，終向購煤不得……一若眞有禁阻之令，其懷疑亦未可知。……大清律例所載……示中擒斬外宼、內奸定賞各條，意在竭力保護中外商民，係按中國常例辦理，本地方官職分當盡之事，並無指及法國。即堂堂法國，亦不值輕以外宼自居，更與各外國無涉。誠恐外國兵船不諳中國定例章程，或有疑議，甚或惧以示阻通商爲詞，先向總理衙門饒舌，應請上憲將職道前次稟呈辦團章程，咨送總署察核，以備據情登答。〔註30〕

相較於龔柴較情緒化的評論，劉璈是以較理性的方式，來分析此事件。他認爲此事件可能是法國不熟悉清國的律例，而導致誤會，但他也認爲清國官員的處置並無不當，畢竟保護中外商民是地方官職的責任。

類似此外國人違反清國法律之例子，尚有外國人至大南澳伐木、招墾之事〔註31〕。唐贊袞認爲要杜絕此事再發生，應該「召人承墾，藉佃戶以實其地」，而不是「視同甌脫，虛而置之」，如此更能使承墾者「爲官捍禦外侮」。〔註32〕而吳子光也抱持一樣的看法。〔註33〕此外，1894年有一英船駛過澎湖，但無懸掛旗幟。於是，清國兵輪上前加以詢問。但該船一下子懸掛美旗、一下子懸掛德旗、一下子又懸掛法旗，所以清兵便將其押至基隆驗視，發現其爲英船，且船上有軍械。然而英國卻稱此爲妄拿，命清國釋放，於是當事者

〔註27〕 吳文星：〈清季李春生的自強思想——以臺事議論爲中心〉，頁120。

〔註28〕 吳子光：《一肚皮集》，收入黃哲永、吳福助主編：《全臺文（第十三冊）》，頁578。

〔註29〕 龔柴：《臺灣小志》，收於《臺灣文獻匯刊（第五輯第三冊)》，頁348。

〔註30〕 劉璈：《巡臺退思錄（三）》，頁260～261。

〔註31〕 有關此事件之始末，請參見唐贊袞：《臺陽見聞錄（一）》，頁37。

〔註32〕 同上註，頁37。

〔註33〕 吳子光：「通籌全局，關國千里，從此臥榻之側，永息他人鼾睡」。吳子光：《一肚皮集》，收入黃哲永、吳福助主編：《全臺文（第十冊)》，頁53。

只好照做。史久龍對此紛爭的處理評論說：「英官請釋，並不查飭明白，而遽行使去。何在位者，皆膽子如鼬鼠耶？嗟乎！此所以外人之猖獗無底止也。」〔註34〕史久龍對此處理相當不滿意，認為清國官員不查明白，只因為害怕英國，便對其要求照做，於是不禁感嘆清國積弱不振、膽小如鼠，難怪外人如此猖獗。

　　台灣在地文人洪棄生，對於當時清國與各國的關係，也有所議論。他認為：

> 今日之天下，一談利之天下也，東方、西方之國，一嗜利之國，一以利為的之國也。故今日彼方之國，不惜與民爭利，不惜以國市利，尤不惜以朝廷為市利之市。其始也，國與國爭利；其繼也，國與民爭利；其終也，國奪民之利以為利。國與國爭利而不恤他國之有害，國與民爭利而不恤民之有害，國奪民之利以為利，而不知兆民之害之伊於胡底矣，此今日各國之私利，而今日各國之公義也。〔註35〕

洪棄生觀察到當時各國為滿足自己的私利，不惜與國、與民爭利，但如此會有害於他國、人民，就如同清國淪為各國爭利之標的般。所以，洪棄生認為所謂各國之「公義」，只是建構在各國「私利」之上而已。

　　以上所有關於對外關係的論述（不論是出自清國國民或是外國人），除了番界是否為化外之地外，均未議及台灣的歸屬問題。但前述台灣地位時提到的某佚名之外國作者，抒發了他對台灣歸屬的看法。他說：

> 對原住民來說，歐洲的勢力未能在該島持續下去是很悲哀的。三者中的任一個，若能在那裡立足，都會比中國人更好。中國人除了讓原住民逐漸在地球表面消逝外，並沒有給他們任何幫助。我要是福爾摩沙的守護神，而由我來做選擇的話，我會覺得西班牙人比較好。他們自己國家的政府雖不怎麼樣，不過他們似乎有改善其統治下族群的本領，而非將其滅絕。〔註36〕

文中所說的三個曾在台灣的歐洲勢力，是指葡萄牙、西班牙及荷蘭。該作者站在原住民的立場來看，認為清國統治台灣並不好，因為會導致原住民的滅

〔註34〕史久龍：《憶臺雜記》，頁47左。
〔註35〕洪棄生：《寄鶴齋古文集》，收於黃哲永、吳福助主編：《全臺文（第18冊）》，頁24。
〔註36〕佚名：〈福爾摩沙與日本人〉，收於費德廉、羅效德編譯：《看見十九世紀臺灣——十四位西方旅行者的福爾摩沙故事》，頁138～139。

絕。他認爲最好是由西班牙來統治台灣，因爲菲律賓的原住民他加祿人（Tagal）在西班牙的統治下，過得很滿足。是以在原住民得以不被滅絕且過得很好的前提下，該作者不認爲清國統治台灣是好的。

第二節　洋務運動之論

鴉片戰爭以後，清帝國屢受列強的威脅。就如同羅大春所言：「振兵威以寢狂謀、遏貪志，實爲目前切要良圖」〔註37〕，爲圖富強以及因應變局與衝擊，於是清廷於 1860 年代起，展開一連串的洋務運動（或稱自強運動），以師法西方。呂實強稱：「洋務運動在本質上是一項以師夷長技以制夷的愛國運動」〔註38〕。而洋務運動的內容，包括製造槍砲與輪船、修築鐵路、架設電線、開採礦產、儲人才……等新式實業。其中，開採礦產將在第四章「產業經濟的評論」中作討論，而培育人才則和教育有關，因此放在下一節「教育之述」中討論。另外，李春生亦有提倡創辦日報之論〔註39〕，但這部分吳文星及林淑慧已有詳細之探討，故不多加贅述。〔註40〕是以本節討論的重點，著重在槍砲與輪船的製造，以及電線的架設與鐵路的修築。

一、堅船利砲的製造之論述

鴉片戰爭以來，西力東漸。清國與西方列強交戰，幾乎是屢戰屢敗。清國官員認爲列強之所以勝戰，是因爲其擁有船堅砲利。因此，在洋務運動中，仿效西方製造槍砲與輪船，便成爲施行的重點項目之一。

當時的清國官員與文人，對於槍砲及輪船有多重視？以羅大春爲例，他認爲「今非購鐵船、製水雷、備各種洋鎗並其合膛之子、洋煤、洋火藥、合

〔註37〕 羅大春：《臺灣海防並開山日記》，頁 11。

〔註38〕 呂實強：〈論洋務運動的本質〉，《中央研究院近代史研究所集刊》20 期（1991年 6 月），頁 89。

〔註39〕 例如，李春生說：「蓋以一人之見有限，兆姓之智難聚，於是藉日報爲呼吸，不但知內情之較切，而察外事亦更詳……資日報以佐治者，專嗜剌譏，以期激勵士氣。」李春生：《主津新集》，收於李明輝、黃俊傑、黎漢基編：《李春生著作集（第二冊）》，頁 29。

〔註40〕 吳文星：〈清季李春生的自強思想——以變革圖強議論爲中心〉，收於李明輝編：《李春生的思想與時代》（台北：正中，1995），頁 154～158。林淑慧：《台灣清治時期散文的文化軌跡》，頁 285～288。

膛之開花彈、火龍、火箭之類，不為功。」〔註41〕由此可見當時對於西式武器的重視。是以可以在清治末期的散文中發現，有一些關於台灣建築砲台的書寫。例如，池志澂的《全臺遊記》中寫到，同治十三年海氛不靖，而在安平建造西洋砲臺，以及在澎湖的新城築砲臺，而得控扼當關之勢。〔註42〕當然，也由於清國官員與文人們認為西洋槍砲是利器，所以在散文中也出現了讚譽砲台的書寫。例如，池志澂稱淡水新建的西洋砲台「甚雄壯」〔註43〕。而蔣師轍雖然認為西方列強的陣法決不可學，但是他卻非常認同西洋的槍砲是利器，若有人認為槍砲無用，則必定是腐儒。〔註44〕

　　至於輪船，清國官員與文人們也同樣相當重視，而認為不得不製造。像是劉璈認為：台灣孤懸海外，萬一遇有戰事，須與內地相聯絡，以免延誤軍機。但是台灣因為有大洋阻隔，必須藉助輪船才能爭取時效。而輪船戰艦，一方面要極其堅利，另一方面數量也要夠，否則仍有緩不濟急與不敷差遣之虞。〔註45〕而輪船除了速度快，可爭取時效外，在戰事之中又有何功用？唐贊袞認為：

> 今臺防之急務，莫如備製鐵艦，扼守各口；而鐵艦中，尤需多備巨礮。如有鐵艦，有巨礮，而管駕之人必須熟習水線，駕駛敏捷，臨陣時尤在有膽、有謀，得勢、得機，乘天時、乘地利、乘人力，在在必爭先著。〔註46〕

從文中可以看出唐贊袞認為鐵甲船與巨砲的結合，不論在海防或海戰上，皆是一大利器。而為何非得要鐵甲船，不能其他的船呢？其原因正如羅大春所言：

> 防海之法，以百艇船不敵一大兵輪船。第裝礮至四十餘位、裝兵至六七百人，喫水過深，不可不預籌修船之廠。上下層皆列礮眼，安礮多則受敵之處亦多，且有烟漲艙中之慮：必取外洋大兵輪船之新式者，詳究其利鈍。木輪船足以護鐵甲船，仍不足以禦鐵甲船；則鐵甲船終不能不辦也。〔註47〕

〔註41〕羅大春：《臺灣海防並開山日記》，頁4～5。
〔註42〕池志澂：《全臺遊記》，收於臺灣銀行經濟研究室編：《臺灣遊記》，頁9～10。
〔註43〕同上註，頁6。
〔註44〕蔣師轍：《臺游日記》，頁128。
〔註45〕劉璈：《巡臺退思錄（三）》，頁240。
〔註46〕唐贊袞：《臺陽見聞錄（二）》，頁98。
〔註47〕羅大春：《臺灣海防並開山日記》，頁38。

羅大春首先肯定輪船在戰事上的功用，並且分析、比較了木輪船與鐵甲船，認為木輪船雖然可以輔佐鐵甲船，但仍不敵鐵甲船，所以鐵甲船終須製造。沈葆楨對鐵甲船的看法，也和羅大春一樣。〔註48〕

以上所舉之例，皆是清國官員與文人對於槍砲及輪船的正面評價。這當中固然有其有道理之處，但是卻也有些過度讚賞，而淪為一種認為槍砲萬能的迷思。這種迷思，外國人也觀察到了。陶德（John Dodd）是台北的洋行商人，在清法戰爭期間，他觀察到清兵對於砲台的迷思：

> 清廷加緊趕建基隆港東北角入口的一座新砲台，這座砲台已建了數
> 年，裏面安裝德製新式克魯伯大砲（krupp guns），雖然砲台外露、
> 目標明顯，有致命的缺點；但在守軍大官眼中，卻是固若金湯、雄
> 據海門的堡壘，足以嚇退外國蠻子的侵犯，擊沉任何敵艦。〔註49〕

從陶德的敘述中，可以看出此守軍大官對於砲台的迷思：他認為有砲台即可擊退敵人，而不論砲台的布置是否有缺點。這樣的迷思造成清軍如此的守備，也反映出當時部分的人只是盲目地追求新式武器罷了。

對於一味、盲目地追求新式武器，清國的官員與文人同樣也有人發現，而加以抨擊。例如胡傳說：

> 竊查海口堅築砲臺，扼守要害，使敵船不得深入，為海防第一要義。
> 然我以巨砲禦敵，敵亦以巨砲攻我。外防壘摧，內防彈炸。必須兩
> 面兼顧，乃可無慮。砲臺外禦敵砲，不過堅築基址及垣墻外加厚護
> 而已。內防彈炸，務須相度地勢，掘深坎，開水池，多為甬道重垣，
> 使敵彈墮而不能炸，炸而不能傷人，始能固我守臺弁勇之心志，而
> 不患其遽致驚潰。〔註50〕

有了新式武器，尚需使用方式（或布置方式）以及人（使用者）的配合。而胡傳此段論述，是針對砲台的布置方式而議論。胡傳不否定大砲在海防上的重要性。只是，他務實地來看，認為敵我皆有大砲，若要有勝算，則不僅要預防砲台被摧毀，同時也要防敵軍之砲彈炸開。因此，他針對這兩點提出了一些建議。胡傳除了針對砲台的布置方式提出建議外，另外也對人——也就是操作大砲者加以抨擊。他說：

〔註48〕 沈葆楨：《福建臺灣奏摺》，頁17。
〔註49〕 陶德（John Dodd）著，陳政三譯述：《北台封鎖記——茶商陶德筆下的清法戰爭》，頁13～14。
〔註50〕 胡傳：《臺灣日記與稟啟（一）》（台北：臺灣銀行經濟研究室，1960），頁52。

> 查現駐安平之砲隊、旗后砲臺之鎮海前軍右營，均無能測量海面遠
> 近、砲線高下之人。平日操演，僅恃目力之凝注，不求算法之精詳，
> 雖幸中靶，究非確有把握。中國之砲隊遜於外洋，實由於此。〔註51〕

胡傳觀察到台灣的砲隊因為平時操演僅靠眼力來測量遠近、高下，而非靠精細的計算，因此砲隊的實力不及列強砲隊的實力。針對此一缺失，胡傳也提出他的解決之法。他認為天津、福州、金陵等處，都設有水師學堂及武備館以教授測量、計算之法。所以他建議可以從中調派一、二人來台，教授台灣砲隊測量、計算之法，如此對於台灣砲隊的命中率有所裨益。〔註52〕

　　不僅身為官員的胡傳對於武器使用者的批評，同樣的，身為買辦的李春生也針對「人」的問題加以抨擊。他說：

> 夫欲利其器也，必先有善其事者，方能致其器之果利。吾國戰艦雖
> 多，究竟有無果於熟識水師，平時精於駕駛渡洋，臨戰又能驅舟對
> 壘，當其遇大敵，決勝敗，風浪之險，倉惶之際，又不能定子午為
> 南北，認彼舟為我敵，而操舟自如，衝鋒無怯者乎？砲臺鞏固，大
> 砲堅利，究竟有無智果兼優，精於施彈命中，矢志待命疆場者乎？
> 雖曰水陸軍械，有砲鉅而且利，惟尚無其人，能力致其彈之必至者，
> 況乎其中也？胡為乎不吝傾國之資，購諸無能準繩其彈之必中者，
> 又不之操演，以備臨用之一日，不亦虛設以惧事乎？豈其砲果具有
> 神通以護國哉？〔註53〕

雖然說工欲善其事，必先利其器，但是要利其器之前，先要有善其事之人，否則只是淪為空談。李春生即是從此一角度，來抨擊盲目追求新式武器者。他認為無論戰艦再多、砲台再怎麼鞏固，但是若無果敢、精於駕駛的水師，以及命中率高的砲兵，那麼這些軍械也只是虛設而已。所以並不是西洋軍械本身有神通，而是要靠人才能發揮其作用。

　　無論是對新式武器的使用方式或人的批評，無非是希望達到富強。但這些論述僅止於戰事層面，所達到的只是消極的富強，也就是要如何改善軍械的使用以因應敵人之攻擊，而使戰事不敗。真正的富強，並不是只靠戰爭的

〔註51〕同上註，頁44。
〔註52〕同上註，頁44。
〔註53〕李春生：《主津新集》，收於李明輝、黃俊傑、黎漢基編：《李春生著作集（第二冊）》，頁33。

勝利而已。基於此，李春生也有提出看法。他認爲：

> 天下萬國所同非者，幾皆曰：砲艦軍火爲至不仁；而獨我中國又嘖嘖
> 稱羨，以爲至善之兵器。所以西人之賠錢宣教化者，到處人爭逐之；
> 西人之懷利售軍火者，到處人爭趨之，以謂苟有此，則富強可立致也。
> 獨不知軍火由於技藝，而富強則出於政治，政治則由於教化。〔註54〕

最高段的用兵之道，並不是頻於大動干戈。然而，對於當時有些人對西洋砲
艦軍火稱羨，李春生大感不解。況且，西方列強販售軍火，有一大原因是要
得利。所以，李春生批評說眞正的富強是靠政治（而非軍火），政治則需靠教
化。從以上李春生對於新式武器的相關議論，可以看出其「不致一味蠻幹，
而能以較務實之態度提出解決方案」〔註55〕。

　　無獨有偶，彰化文人洪棄生也對西洋砲艦軍火可以富強之說，加以抨擊。
他認爲清國花大錢以學西法，就好像是在割肉醫瘡。這種不看眼前之急而看
日後之憂的奇怪現象，就好比富有人家，爲了預防家財被盜賊所盜，於是花
大錢做預防措施。但是家財還沒被盜，卻已先淪爲備盜之用。〔註56〕洪棄生
並抨擊說：

> 然事果可獲大利，則亦何不冒大害而爲之，今鐵甲之船不少矣，而
> 我兵之弱如故也，是中西國之所以強者，固不在法而在用法之人，
> 我之所以弱者乃患無用法之人，而不患無法，今不學其所以用法，
> 而惟學其法，是亦刻舟求劍之爲耳。〔註57〕

洪棄生認爲若花大錢以學西法可獲大利，則值得去做。但是事實卻不是如此，
清國之兵依舊積弱如故。洪棄生認爲此一問題的關鍵在於清國無用法之
「人」，才會造成本末倒置，不去學西方如何用法，反而是去學其法。此外，
洪棄生亦議論說：「國家利器，在人而不在物。薄稅斂、寬政事，民悅守固，
不啻有磐石、泰山之重；機器亦何爲乎！若剝喪元氣，即鐵甲之船滿鹿門、
開花之砲及雞嶼，竊恐藩籬洞開耳。」〔註58〕從洪棄生的這些言論中可以發
現，洪棄生相當重視「人」的重要性。也就是富強之道在人而不在西方軍械，

〔註54〕同上註，頁132。
〔註55〕吳文星：〈清季李春生的自強思想——以臺事議論爲中心〉，頁131。
〔註56〕洪棄生：《寄鶴齋古文集》，收於黃哲永、吳福助主編：《全臺文（第18冊）》，
　　　　頁107～108。
〔註57〕同上註，頁108。
〔註58〕同上註，頁178。

若人所主導的政治可以做到薄稅斂、寬政事，則國家自然富強。

　　而從李春生或洪棄生的議論中，也可印證這些文人或官員們，把「天行健，君子以自強不息」之箴言，應用到雪恥圖強方面。所以，他們要去從事維新的，也包括內政的改革。〔註59〕

二、電線的架設與鐵路的修築之論述

　　電線與鐵路，也是新式實業中的重點項目。何以要架設電線？其原因正如唐贊袞所言：「臺灣南北路，地勢袤長，聲息易於阻滯。沿途雖設有駔站，文報未能迅速。」〔註60〕因此，沈葆楨所計劃的防台要務之一，就是「通消息」。而沈葆楨擬由福州陸路至廈門、再由廈門水路至臺灣，架設電線。〔註61〕

　　而修築鐵路的重要性與急迫性，除了唐贊袞所言：「往來迅速，商民利便」〔註62〕外，亦如劉銘傳所述：

> 自強之道，練兵、造器固宜次第舉行，然其機括則在於急造鐵路。
> 鐵路之利於漕務、賑務、商務、礦務以及行旅、釐捐者不可殫述，
> 而於用兵一道，尤為急不可緩之圖。……惟鐵路一開，則東西南北
> 呼吸相通，視敵所驅，相機策應，雖萬里之遙，數日而至，雖百萬
> 之眾，一呼而集，無徵調倉皇之慮，無轉輸艱阻之虞。……防邊、
> 防海，轉運槍礮，朝發夕至。〔註63〕

劉銘傳認為鐵路的功用是多面向的，不僅有利於漕務、賑務、商務……，對於戰事更是有所裨益，士兵、軍械均可藉由鐵路迅速運至所需之處。因此，劉銘傳建議在沿海衝要之區遍開鐵路，如此若某一省有事，則其他數省便可以迅速調兵。而這樣便有利於防守，洋人也因此而降低遠涉風濤、攻打有所防備之地的意願，如此便能不戰而屈人之兵。因此，劉銘傳認為「衛民莫如鐵路」，而不是擾民。〔註64〕甚至，劉銘傳更認為「鐵路為國家血脈，富強至計，舍此莫由」〔註65〕。此外，鐵路築成營運後，更可有大筆收入，可充作

〔註59〕呂實強：〈論洋務運動的本質〉，頁89。
〔註60〕唐贊袞：《臺陽見聞錄（一）》，頁28。
〔註61〕羅大春：《臺灣海防並開山日記》，頁5。
〔註62〕唐贊袞：《臺陽見聞錄（一）》，頁20。
〔註63〕劉銘傳：《劉壯肅公奏議（一）》，頁122。
〔註64〕同上註，頁126。
〔註65〕劉銘傳：《劉壯肅公奏議（二）》，頁270。

海防經費要需。〔註66〕因此，劉銘傳極力贊成修築鐵路。〔註67〕

　　而對於電線架設與鐵路修築的過程，官員或文人又何議論？先以電線架設的過程來說，唐贊袞對於訂製電線的比價，發表了相關的評論。架設的電線，在不同區段所用之噸數不盡相同，例如近岸一百里內是用十噸重，其餘則用二噸重。但是當時先後有不同公司對電線及修理電線之輪船提出報價。然而後報價之公司所提出的價格較便宜，且品質（電線之線料及輪船之馬力）亦不差，若當初急於跟先報價之公司簽約，則會花冤枉錢。因此，唐贊袞認為電線的架設雖為急要之務，但是「若不切實打算，給價稍多，不惟不能節省，且見笑於洋人」。〔註68〕而鐵路的修築，唐贊袞亦有評論。當時劉銘傳規劃鐵路由台北直達台南，但是中途有大甲溪的阻擋。因此，有中西工匠前往巡視。若要在溪中建鐵橋，則由於溪流湍急，橋墩不能佇立，於是可行之法便是繞溪而行。繞溪而行有兩條路可通：第一條地勢較平坦，但嫌路途稍遠；第二條則路途較近，但地勢就沒有第一條平坦。後來繞溪而行之議被阻擋。對於此一結果，唐贊袞認為「不獨為撙節財用起見，而謀慮固深且遠矣」。〔註69〕

　　以上唐贊袞對於電線架設與鐵路修築的評論，皆是從節省經費的立場來說，但是實際整個情形卻未必都有節省經費。因此，彰化文人洪棄生抨擊說：

> 今天下浮慕西洋風氣，而競言鐵路矣，財力不敷，而惟思借外債矣，而中國漢唐水道之故跡，宋元明清轉運之成渠，任其湮墊，反壞而不一顧。上者病於軍機漕務，下者病於農政商旅，是猶先世藏有朱提巨鍰於地下，而不知取，而艱窘困頓，猶行乞於四方相卭山以謀大治也。〔註70〕

洪棄生對於不管財力是否足以負擔，而一味建築鐵路感到莫名其妙。他認為舊有的水道、成渠皆有鐵路的功效，但是卻不被重視，這是由於浮慕西洋風氣所致。此外，洪棄生也認為「臺灣之防海不可疏，而海軍亦不可少也。臺

〔註66〕同上註，頁271。
〔註67〕劉銘傳對於鐵路興建的其他議論（例如可以採 BOT 的方式），可參見林淑慧：《台灣清治時期散文的文化軌跡》，頁304～305。
〔註68〕唐贊袞：《臺陽見聞錄（一）》，頁29～30。
〔註69〕同上註，頁20。
〔註70〕洪棄生：《寄鶴齋古文集》，收於黃哲永、吳福助主編：《全臺文（第18冊）》，頁79。

灣邇來創造鐵路，勞民傷財，無益國事，誠移其費以籌此，其裨於大局者豈有既乎！」〔註71〕。洪棄生的這二段議論，同樣也是站在節省經費的立場來說，但是和唐贊袞的議論相較之下，唐贊袞的議論並沒有否定電線與鐵路的功用與價值，但是洪棄生的議論中卻有否定鐵路的功用與價值。

　　洪健榮指出，由於台灣人風水習俗的影響，電線的架設與鐵路的興建可能會被認爲是在破壞民間廬墓田地之風水，而被反對或禁止。〔註72〕然而，從上述對電線與鐵路之議論來看，反對這二項新式實業的理由，多爲經費是否足夠的觀點。以風水的觀點來評論的，不是沒有〔註73〕，只是相對來說較少。或許，這是因爲文人、官員們較關注台灣的財政所致。也或許，正如林淑慧所言：「台灣當時新政改革起步比中國晚，守舊派人士阻力較有限，所以改革的步調較顯著」〔註74〕。

第三節　教育之述

　　教育可以增廣民眾的知識，進而提升國家的競爭力，因此，教育爲一國之根本。清治末期的台灣，除了有在地文人外，也有遊宦文人或官員；此外，隨著台灣的開港，更有許多外國人前來台灣。不論是清國人或外國人，不論是文人或官員，他們身處台灣，對於台灣的文風有什麼看法？而他們認爲台灣的教育有何功效？對於教材內容與教學方式，又有什麼意見？本節將分別就文本中關於台灣的教育與文風、教育功能與目的、教材內容與教學方式之論述，作一討論。

一、台灣的教育與文風之評論

　　台灣的儒學教育，是隨明鄭進入台灣的。清治時期的教育機構，如私塾、書院、義學、府學、縣學等，亦是教授儒學。台灣自清治中期以後，在地文

〔註71〕同上註，頁100。
〔註72〕洪健榮：《清代臺灣社會的風水習俗》（台北：臺灣師範大學歷史研究所博士論文，2003），頁302～303。
〔註73〕例如，唐贊袞記載曾有旂后洋醫士欲架設一條地律風（telephone），他審查發現雖然此地律風「一路所過……並無罣礙民居房舍」，但他最終仍以通商條約沒有明文規定爲由，而否決此一申請。唐贊袞：《臺陽見聞錄（一）》，頁30～31。
〔註74〕林淑慧：《台灣清治時期散文的文化軌跡》，頁300。

人漸增，由此可見台灣文風逐漸興盛。〔註 75〕關於台灣的教育與文風，台南在地文人施士洁說：

> 吾臺……始隸本朝；其時絕島手闢，未遑文教。而至於今兩百餘年，……固已駸駸乎日進矣。況扶輿磅礴之氣，自閩之五虎門蜿蜒渡海而來，……昔子朱子……曰：「龍渡滄溟，五百年後，海外當有百萬人之郡」。……竊惟人文之興，在於學校；而書院則視學校為尤切。〔註 76〕

洪健榮指出，施士洁此言將台地文風蔚起之因，推闡自風水思想中的氣行觀點（朱熹龍渡滄海的傳聞），認為風水庇護與台灣人文有緊密的聯繫，帶有一種近乎「地理（風水）決定論」的色彩。〔註 77〕此外，從施士洁的文中，也可看出他對於學校（書院）的重視。

　　而科舉考試，仍為取材的途徑。雖然不能否認，科舉制度可以用來拉攏士紳階級，並增進其對政府之認同，但是科舉制度能夠提升文風，也是不能否認的。而台灣人參加科舉考試的情形如何？就羅大春的觀察，他說：「淡、蘭文風，為全臺之冠。乃歲、科童試廳考時淡屬六、七百人，蘭屬四、五百人；而赴道考者，不及三分之一：無非路途險遠，艱於資斧所致。」〔註 78〕由於台灣北部的士子若要赴別地考試，不僅路途遙遠，且旅費也是一大筆錢。所以，赴道考者並不多。也因此，沈葆楨上奏建請在艋舺建考棚。〔註 79〕

　　參加科舉考試的過程相當辛苦，那麼，外國人對於科舉考試有何看法？以在北台宣教的馬偕（George Leslie MacKay）而言，他認為：

> 在台灣並沒有像已較進步的美國或加拿大，有公共教育制度。科舉的考試依程度不同，或在「府」城，或在「京」城舉行，但都非常競爭，而且其作文內容須依很煩瑣的形式和規則。考試的讀本是四

〔註 75〕黃美娥：「乾隆、嘉慶到同治、光緒時期，是臺灣本土文人紛起的重要階段，光緒年間更達高峰……道咸以後，頗多更躍升為當地文壇領導人物」。黃美娥：〈台灣古典文學史概說（1651～1945）〉，《臺北文獻》直字 151 期（2005年 3 月），頁 241。

〔註 76〕施士洁：《後蘇龕文稿》，收於黃哲永、吳福助主編：《全臺文（第 9 冊）》，頁130。

〔註 77〕洪健榮：《清代臺灣社會的風水習俗》，頁 218～219。

〔註 78〕羅大春：《臺灣海防並開山日記》，頁 57。

〔註 79〕沈葆楨：「請旨於艋舺地方，准其捐建考棚……益廣朝廷作育之意」。沈葆楨：《福建臺灣奏摺》，頁 65。

書，而科舉的作文題目是出自此孔孟語錄。這裡不詳提科舉的制度，
因為很複雜，不過，要說的就是，要想通過高階的考試，除非有過
人的才氣，否則無法通過的，而且為了準備及參加科舉，常常耗盡
學生的體力，損了他們的健康。雖然能科舉及第的人很少，但是大
家還是都盡量要讓自己的子弟受教育。〔註80〕

從馬偕對美國或加拿大的公共教育制度使用「較進步」一詞來看，他似乎認
為科舉是較落後的制度。但是，他覺得奇怪的是，雖然參加科舉有損健康，
但是台灣人仍樂此不疲，而讓子弟受教育。其實這樣的現象是可以理解的，
因為一般人家可以藉由科舉及第躋身士紳階級，即使是「賈道」取向的買辦
階層，多少也會想要獲得功名。〔註81〕

　　而對於參加科舉的熱衷情形，在澎湖亦然。蘇格蘭宣教士甘為霖（William
Campbell）記述：

教育年輕人在此受到很大的鼓勵，頗令人高興。幾乎每個村莊都有自己
的學校。本人被告知，年輕男子從澎湖群島北上去參加中國的科舉考
試，人數常超過一百，而且那是很尋常的。此考試每三年在台灣府舉行
一次。經常可遇見秀才。甚至連有些舉人的家鄉都在此地。有人很得意
地指出一個很無關緊要的小島，說那曾是某某進士的出生地。〔註82〕

從甘為霖的文中可以發現，相較於馬偕對於台灣人讓子弟受教育並參加科舉
感到奇怪，甘為霖卻認為這是「令人高興」的。雖然馬偕與甘為霖的看法不
同，但是皆可從其二人的文中，看出台灣對於讓子弟受教育之熱衷。

　　至於台灣人參加科舉考試的答題內容又如何？蔣師轍曾來台襄校台南、
台北之試務，他閱卷後對於台灣人的答題內容評論說：

文都不諳理法，別風淮雨，譌字尤多，則夾帶小本誤之也。應試者
分閩、粵籍，其人始雖皆鄭氏之遺，然繼世長子孫、沐浴文教已二
百有餘歲，而菁莪之化終遜中土者，豈靈秀弗鍾歟？抑亦有司之責

〔註80〕馬偕（George Leslie MacKay）著，林晚生譯：《福爾摩沙紀事：馬偕台灣回
　　　　憶錄》（台北：前衛，2007），頁108～109。
〔註81〕謝文華指出，買辦雖以「商」為基礎，但在一定範圍內也會從事功名的攫取，
　　　　目的是為了鞏固其商業利益。也就是說買辦商人想藉由功名轉化成紳商，以
　　　　強化其商人的地位。謝文華：《清末買辦商人的價值取向》（台北：臺灣師範
　　　　大學歷史研究所碩士論文，1995），頁71。
〔註82〕甘為霖（William Campbell）：〈澎湖群島記行〉，收於費德廉、羅效德編譯：《看
　　　　見十九世紀臺灣——十四位西方旅行者的福爾摩沙故事》，頁128。

也！〔註83〕

廖炳惠指出，旅行所涉及的三個面向之一，是科學（Science）。而科學有五個層面，其中的一個層面是公共形象（public images）或公共關係（public relations）。就此層面來說，若到落後地區旅行，則其公共形象通常是負面的，例如危險、疾病、落後等。〔註84〕以此層面來看蔣師轍的評論，台灣在大清帝國中，是位處邊陲的海外一隅。而蔣師轍的觀點是邊陲（台灣）較之中心（中土）落後（台灣菁莪之化終遜中土），也因此，所引發的公共形象是負面的，也就是台灣人文都不諳理法、訛字尤多等。

而旅行涉及的另一個面向，是情感（Sentiment）。此情感結構所引發的反應也有五種，其中的一種反應是道德救贖感（redemption）。也就是說用更高明的方式，或將自己的文明所代表的某些意義加在某地的文化之上，以改善、重整當地人的文明、生活生式。〔註85〕以此一道德救贖感之情感反應來看，則蔣師轍的評論中也有此一情感反應。蔣師轍認爲台灣沐浴文教已有二百多年，但是程度仍不如中土，這是有司的責任。也就是有司有責任提升台灣的文教，而不致使台灣的教化落後中土。

此外，清治末期的台灣，也有外國人來此興學。對於此一現象，唐贊袞也有相關的書寫。他說光緒八年八月，有個英國傳教士仿照義塾在淡水開設學堂，所聘請的老師是中國人，教的書也是中國書。唐贊袞認爲這雖然是義舉，但是若此風氣一開，那麼「將來該子弟等文字、科名，勢必沿溯淵源，致歧趨向」。而且，他認爲「中土之童，蒙費外人之培植，官斯土者，心甚歉然」。所以他就商請台北府支還該英國傳教士相關款項，以杜流弊。〔註86〕從這裡也可以看出唐贊袞的「夷夏之防」之觀念，認爲自己國家的學童不需外人來教。

二、教育的功能與目的之評論

既然教育爲一國重要的政策，那麼清國的官員與文人，對於台灣此一海外之地的教育功能，有何看法？而他們又認爲教育對台灣的重要性爲

〔註83〕蔣師轍：《臺游日記》，頁16。
〔註84〕廖炳惠：〈旅行、記憶與認同〉，《當代》175期（2003年3月），頁86～87。
〔註85〕同上註，頁89。
〔註86〕唐贊袞：《臺陽見聞錄（一）》，頁35。

何？對於清國的官員與文人來說，教育對台灣的重要性，正如劉璈所言：「臺灣孤懸海外，習俗囂浮，教養撫綏，尤關緊要」〔註87〕。由此可以看出教育在台灣的最大目的，是要「教養撫綏」，是以清國的官員與文人莫不重視教育。

　　台灣的生番，在許多清國官員與文人的眼中，是化外之民，沒有接受教化的。那麼，對於生番的教育，這些官員與文人們又有何看法？首先，就丁紹儀來說，他認為：「或言臺民強悍、番性尤獷，非禮教所能化；或謂治臺如武侯之治蜀，必猛以濟寬乃可。余實未敢謂然。善乎魏叔子之言曰：『水無不清，停之斯驗；民無不良，良有司治之斯驗矣』」〔註88〕。丁紹儀不認同台灣人民（尤其是生番）不能以禮教化的說法，而認為只要上位者治理有道，台灣人一樣能被禮教所化。從丁紹儀的文中可以看出，他認為教育的功能，是能移除台灣人強悍之性格，而使其懂禮教。而蔣師轍對於生番的教育則認為：

> 今番塾有設，良秀者知讀書矣，然狂狂榛榛，洪荒甫闢，驟期以衣冠文物之盛，幸而能喻，亦千百中獲十一耳。蒙謂當兼開藝院百工之事，各立之師，遂其所欲，導使成業，業成而後傭工鬻技，伍於齊民。〔註89〕

當時設有番塾以教育生番，而蔣師轍認為使生番受教育之目的，是要讓他們「伍於齊民」，也就是要讓他們和一般人一樣。要讓他們和一般人一樣，就不能讓他們成為無業遊民，是以蔣師轍認為要教他們藝院百工之事，使其有一技之長。而教育生番，除了可以讓他們和一般人一樣外，更進一步的目的，是如劉璈所言：「以學傳學，以番化番，番與官民，在在通氣，不特路工無阻，而習俗漸移矣」〔註90〕。也就是生番接受教育，可以更進一步使其和官民互通聲氣，而不致於對官民成為阻礙。

　　至於台灣漢人的教育，對於官員與文人們來說也同樣重要。蔣師轍說：

> 一曰興文教。士為四民之首，里有善士，關於風俗非細。國家教澤，不遺海外。所期於士者，豈宣以能博科第為賢，固欲其讀詩書，明

〔註87〕劉璈：《巡臺退思錄（二）》，頁111。
〔註88〕丁紹儀：《東瀛識略》，頁107。
〔註89〕蔣師轍：《臺游日記》，頁136～137。
〔註90〕劉璈：《巡臺退思錄（一）》，頁2～3。

義理，薫德善良爲里黨則也。縣各有書院，宜詰良宰，迎延碩學，
立之師表，廣購經史，供其研誦。其有學成名立者，破格獎藉之。
率馬以驥，激奮自眾。文翁化蜀士，昌黎變潮俗，猶以文學言。蒙
謂木鐸收效，固不止此。〔註91〕

台灣的漢人在清國官員與文人眼中，雖不若生番來得強悍，但是仍被認爲是禮
教不足的一群人。因此，蔣師轍認爲在台興文教的主要目的，是要使台民能夠
「明義理」。此外，漢人雖不像生番會出草，但是台灣許多的民變與械鬥皆是由
漢人所起，同樣會造成社會動盪。因此，林豪評論戴潮春事件時，就說：

嗟夫！使汝賢不爲中飽之圖，則潮春終爲下走之吏，何至生心不軌，
背地爲逆，競授兄弟之香，甘爲朱（一貴）、林（爽文）之續，使民
生蹂躪，文武陷沒，至於三年之久也？獨是化干戈莫如俎豆，革鴟
梟獷端在騶虞，移風易俗，匪異人任。是故文翁治蜀，教以詩書；常
衮使閩，先興學校。〔註92〕

林豪以文翁、常衮治理地方先興文教爲例，認爲教育可以移風易俗，因此在
台興教亦可化台民暴戾之氣。而丁紹儀也是持同樣的觀點，認爲「移風善俗，
莫要乎學」〔註93〕。

　　以上所言，皆爲番學或漢人教育之論述，而其功能與目的，不外乎是移
風易俗、使民知忠孝節義等。另外，在洋務運動中，爲了培育懂新式實業的
人才，因此廣興西學以儲備人才。當時的人對於西學的功能與目的，又有何
看法？以極力提倡西學的李春生爲例〔註94〕，李春生說：「至於天文、地理、
化學、氣機……望速延請西士，藉資教習，以冀變通一新，富強指日，俾敵
人畏威，拱手北面。毋區執搶法舊制，以貽國悞民。」〔註95〕，又說：

吾國亟宜購採外國群書，聘請西士，翻譯華文，以冀增廣學校……
增學校者，延西士，譯西國奇書，先於各值省沿每郡邑設中西學堂，
以資教育士庶……痛癢相關，呼吸靈動，風氣大開，智識日廣，十

〔註91〕蔣師轍：《臺游日記》，頁135。
〔註92〕林豪：《東瀛紀事》（台北：臺灣銀行經濟研究室，1957），頁3。
〔註93〕丁紹儀：《東瀛識略》，頁30。
〔註94〕吳文星認爲，李春生對西學之態度異於中體西用論及中西學合用論者，而是
　　　要全盤接受西學西教。吳文星：〈清季李春生的自強思想──以變革圖強議論
　　　爲中心〉，頁154。
〔註95〕李春生：《主津新集》，收於李明輝、黃俊傑、黎漢基編：《李春生著作集（第
　　　二冊）》，頁12。

數年間，賢才畢萃，又何患乎強秦之迫處哉？〔註96〕

從李春生的論述中可以看出，他認爲藉由西學以培育人才，不僅可以增廣民眾的智識，同時也可以與列強一較高下。〔註97〕但是謝文華指出，買辦重視西式教育的原因，是因爲若無法經由科舉取得功名，則無較好的退路。而接受西式教育則進可從洋務上謀功名，退可從商場上謀財富，是較保險的生存之道。〔註98〕然而，不論李春生（買辦）重視西學教育的目的是爲公或爲私，西學教育的功能在當時來說，仍有其價值。

三、教材內容與教學方式之評論

不僅台灣的文風及教育的功能與目的會引發人們的評論，就連教材內容與教學方式，也有相關的議論。對番學教育的功能與目的有所評論的劉璈，對於番學教育的內容認爲先與生番通語言，然後再教日用淺近文字是好的。但是，教的人接著往往是跟生番講論道德，然而這對生番來說就像是唸經而已，沒有益處。所以，這些所謂要「化民成俗」的教學內容，在劉璈看來是不切實際的。因此，他認爲番學的教學內容應該是淺近語言文字及工藝。如此，則一方面生番能與漢人溝通，另一方面也能自食其力、養家活口。〔註99〕

而清國與外國通商後，准許彼此學習文藝，因此有同文館或學堂之設立。對於西學教育的教學內容，唐贊袞也有所評論：

> 臺灣爲海疆衝要之區……祇以一隅孤陋，各國語言文字輒未知所講求。初因繙繹取材內地，重洋遙隔，往往要挾多端，月薪率至百餘金，尚非精通西學者。因思聘延教習，就地育才。……延訂英國人布茂林爲之教習生童。酌給膏伙，釐定課程，並派漢教習二人，於西學閒暇時，兼課中國經史文字；既使內外通貫，亦嫺其禮法，不致盡蹈外洋習氣。……擬漸進以圖算、測量、製造之學，冀各學生砥礪研磨，日臻有用。〔註100〕

〔註96〕同上註，頁35～39。

〔註97〕李春生對於西學的其他相關看法，可參見吳文星：〈清季李春生的自強思想——以變革圖強議論爲中心〉，頁151～154。

〔註98〕謝文華：《清末買辦商人的價值取向》，頁160。

〔註99〕劉璈：《巡臺退思錄（三）》，頁196～197。

〔註100〕唐贊袞：《臺陽見聞錄（二）》，頁88～89。

唐贊袞認為要讓台灣人精通西學，除了要對各國語言文字講求外，也需聘外國人來教學。此外，他也認為接受西學不代表就得把傳統儒學拋棄，所以他讓生童在學西學的閒暇時，也學習中國的經史文字。而唐贊袞這種對於教材內容的想法，一方面反映出他承認西學的功用，另一方面也反映出他認為外國人較不懂禮法，所以也要學中國的經史文字，以免沾染外洋習氣。

　　以上是清國官員對於教材內容的評論。那麼，外國人對於清國的教材內容與教學方式，又有何評論？馬偕牧師曾在台灣創辦牛津學堂、淡水女學堂等，有實際的教學經驗，他對於中國傳統的教學方式評論說：

> 學生先學字，但只是很機械式的學，教師從來不解釋字的意思。而書本的讀音又和口語的音完全不同，孩子對於書本裡講的是甚麼雖不明白，卻得把整頁甚至整本書都背下來。……這種教學方式其實沒有給孩子甚麼教育。不過，孩子在無形中就把所讀的古文的形式和口吻都學上了，但原作者寫作的用意和心境，不僅不去了解，也根本無法去了解。〔註101〕

馬偕抨擊此種機械式地寫字、背誦，而不去瞭解文意的教學方式，他認為如此學到的，只是古文的形式和口吻之類的表面東西而已。而美國探險家史蒂瑞同樣也反對這樣的教學方式，並且認為這種教學方式的影響是：

> 等一個學生得到學位，被視為夠資格擔當其國家最高的職位時，卻對地理、算術以及歷史都全然無知。目前所流傳的中國地圖，把中國放在正中央。有幾個小斑點在邊緣一帶，而據稱「野蠻人」可能住在那裡。即使對這一切懵昧無知，中國文人對歐洲和歐洲的知識卻極為蔑視。他們似乎正是妨礙其國家享有現代進步的階級。〔註102〕

史蒂瑞認為就是學字、背誦的教學方式，不僅忽略了其他學科的東西，而使得清國文人愚昧無知，甚至，也阻礙了清國的進步。

　　由此可見，當時外國人大多反對這種傳統的教材內容與教學方式。所以，馬偕興學時，特別注重教材內容與教學方式。在教材內容方面，他以聖經為主要的教科書，從聖經出發，去研讀和聖經有關之地（如埃及、波斯、希臘、

〔註101〕馬偕（George Leslie MacKay）著，林晚生譯：《福爾摩沙紀事：馬偕台灣回憶錄》，頁109。

〔註102〕史蒂瑞（Joseph Beal Steere）：〈來自福爾摩沙的信件〉，收於費德廉、羅效德編譯：《看見十九世紀臺灣──十四位西方旅行者的福爾摩沙故事》，頁99～100。

阿拉伯、耶路撒冷……等）的地理與歷史。此外，聖經中的動物、植物與礦物，以及偉人的生活等，也是研讀的內容。所以馬偕說：「我們並不因而就忽略了現代科學，西方學院所有的重要課程我們都給予必要的重視」〔註103〕。而在教學方式方面，除了上述的研讀聖經外，馬偕也設計了另一種教學方式：

> 學生們會輪流在台上做五分鐘的講話，講完後，由其他的同學來批評。任何在態度、衣著、表情或其他方面有不好的地方都被提出來。新來的學生常會害怕得發抖，但經過數個月的練習後，他們就能把不好的習慣克服，敢面對批評，並成爲能夠在台上侃侃而談的人。
> 〔註104〕

馬偕透過讓學生演講的方式，不僅讓學生能侃侃而談，而且也能夠勇敢地面對批評。〔註105〕正因爲馬偕如此重視教材內容與教學方式，並且加以特別設計，因此，他很自豪地說：「在牛津學堂看不到任何填鴨式或無聊單調的教學」〔註106〕。

〔註103〕馬偕（George Leslie MacKay）著，林晚生譯：《福爾摩沙紀事：馬偕台灣回憶錄》，頁282。

〔註104〕同上註，頁284。

〔註105〕此外，林淑慧亦有整理、歸納馬偕的其他教學方式，請參見林淑慧：《禮俗·記憶與啓蒙——臺灣文獻的文化論述及數位典藏》（台北：台灣學生，2009），頁128～130。

〔註106〕馬偕（George Leslie MacKay）著，林晚生譯：《福爾摩沙紀事：馬偕台灣回憶錄》，頁285。

第四章　產業經濟的評論

　　經濟一詞，在古代有「經世濟民」之意。若就此意義來看，則經濟的範圍相當廣泛，舉凡內政、外交、教育……等，與經世濟民有關的，皆爲經濟的範疇。但是，本文所指之經濟，並不是經世濟民之意，而是英文"economics"一字之意。此字之意，以經濟學的觀點而言，是指「一個社會如何管理其有限之資源」〔註1〕；而《漢語大詞典》則將其定義爲「一定歷史時期的社會生產關係的總和」〔註2〕。

　　產業經濟有許多涉及的面向，而本章關注的焦點，則是自然資源、國際貿易以及財政制度三項。因此，以下將分別就清治末期散文中這三方面的相關評論，加以討論。

第一節　自然資源的評論

　　所謂自然資源，是指農、林、漁、牧、礦等方面之資源。台灣擁有豐富的自然資源，自然會成爲被書寫的對象。其中，就台灣清治末期來說，由於洋務運動的內容之一，是開採礦產，因此礦產自然受到重視。而茶、糖與樟腦是台灣開港後的三大出口品，所以也受到相當的重視。因此，礦物與經濟作物是台灣清治末期受到重視之自然資源。是以本節將分別就礦物與經濟作物此二類自然資源的相關論述，來做一探討。

〔註1〕 N. Gregory Mankiw，*Principles of Economics*，3rd ed.（Ohio：South-Western，2004），p. 4.

〔註2〕 羅竹風主編：《漢語大詞典（第9卷）》（台北：台灣東華，1997），頁867。

一、礦物的開採

台灣礦產之豐富，不僅清國人知道，連外國人也加以讚賞。例如，蘇格蘭傳教士伊德（George Ede）就曾稱讚說：「福爾摩沙最好的地方尚不爲人所知。遠在眾山之間是超絕美麗且豐沃的山谷與平原。不僅如此，從岩石的性質看來，我深信在土壤中還醞藏著大量的珍貴礦物。」〔註3〕由此可見，台灣的礦產在當時皆受到清國人、外國人之重視。以下，將礦產分爲煤礦以及金礦、硫磺及其他礦產兩大類來討論。

（一）煤礦

西方工業革命以後，由於交通工具（如輪船、火車）以及機器，皆需藉由燃燒煤炭產生蒸氣以作爲動力，因此對煤的需求量大增。台灣的煤礦大部分分布在北部（但南部也有〔註4〕），尤其是基隆一帶。〔註5〕所以池志澂說：「又聞八堵山爲產煤奧區，近有華匠濬煤井、倣西法以行之……爲利源所在。臺灣精華多聚於北路淡蘭一隅，膏壤尤溢。是在官斯土者開其源耳」〔註6〕。也因此，基隆的煤礦也成爲列強覬覦的目標。〔註7〕

而台灣的煤礦是否開採，在當時引發了一些議論。由於漢人社會普遍存在風水的觀念〔註8〕，認爲開採礦產會損傷山水形勝，破壞風水龍脈，因而引

〔註3〕 伊德（George Ede）：〈福爾摩沙北部之旅〉，收於費德廉、羅效德編譯：《看見十九世紀臺灣——十四位西方旅行者的福爾摩沙故事》，頁 323。

〔註4〕 李仙得：「煤炭……人只知爲淡水廳及迤東一帶所產，其實再迤而南亦有之」。臺灣銀行經濟研究室編：《臺灣番事物產與商務》（南投：臺灣省文獻委員會，1994），頁 28。

〔註5〕 沈葆楨：「雞籠附近之老寮坑、深澳坑、大水坑、竹篙厝及暖暖附近之四腳亭、大坑埔、極去樞沖等處，煤質尚覺堅美，而以老寮坑爲最。且山徑低平，車路易造，水口較近，運費亦輕，開採尤便」。沈葆楨：《福建臺灣奏摺》，頁 59。而基隆顏家就是靠採礦而崛起。有關基隆顏家之遷徙北移，及其後採煤、採金致富而邁向大家族之歷程，可參見唐羽：《基隆顏家發展史》（南投：國史館臺灣文獻館，2003），頁 88～116。

〔註6〕 池志澂：《全臺遊記》，頁 8。

〔註7〕 羅大春：「雞籠廣產煤斤，尤爲外人覬覦」。羅大春：《臺灣海防並開山日記》，頁 21。而列強對於台灣煤礦覬覦的情形，請參見第二章第三節之「通商口岸的開放」。

〔註8〕 風水觀念不僅存在於一般庶民階級，即使是官員，也同樣存有風水觀念。而官員的風水觀念，也反映在築城時的風水考量。這一方面的研究，可參見彭喜豪：〈臺北府城理氣佈局之星宿立向研究〉，《臺北文獻》直字 151 期（2005年3月），頁 305～344；洪健榮：〈塑造境域「佳城」：清代臺灣設治築城的風水考量〉，《臺北文獻》直字 155 期（2006年3月），頁 45～113。

發了紛爭與糾葛。〔註9〕在贊成開採煤礦者中，有些人是因為不信風水之說，而加以贊成。例如李春生是虔誠的基督徒，因此反對風水之說。〔註10〕有些人雖然也相信風水之說，但是也從風水的觀點加以反駁，例如唐贊袞說：

> 雞籠口海港東邊之深澳坑等處，開挖煤窖，實於風水、民居無礙，
> 並於該處地方百姓有益，可試行舉辦。惟須飭知地方官，認準此事
> 係為中國百姓興利，不與條約相干；亦不與洋人相干。〔註11〕

由此可見唐贊袞是以開挖處對風水、民居無礙，來作為論述策略。而就洋務運動而言，開採礦產是新式實業的一環，因此，劉銘傳從這個角度力陳「煤炭係為船廠、機局、兵輪要需，不能廢棄不辦」〔註12〕。

　　也有人是從民生、經濟、財政等觀點來看，認為煤礦應開採。當時八斗老井的煤炭告竭，僅剩一井可以出煤，人們討論是否要開新礦。而開新礦的缺點，是「不獨巨款難籌，以後逐年虧折之貲，亦難為繼」〔註13〕。這一點，馬偕有詳細的說明。馬偕說由於煤礦受到地層的推擠和壓縮，排列甚為混亂，也因此有很多的斷層和裂縫，而減少了開採的價值。另外，由於是以掘豎坑（shaft）的方式開採，此方式須做許多爆破及切割沙岩的工作，所以導致開採煤礦一直無法成為有利潤的事業。〔註14〕雖然開新礦會繼續虧損，甚至難以為繼，但是唐贊袞仍認為要辦，因為他認為：

> 倘停竭不辦，不獨船政乏煤應用，即臺灣機器局、車路、輪船僅恃
> 民煤，亦恐不能應手。中外商輪，往來上海、香港，半由臺灣添購

〔註9〕　洪健榮指出，形成基隆礦務此一風水糾葛的一大關鍵，正好是因為礦脈與龍脈的重合，而產生輕重取捨的爭議。也就是當雞籠山「全台祖山」、「台郡來龍」的風水形象，趨向明朗化且近於刻板化的時候，恰好碰上清治後期西方勢力窺伺基隆煤礦的時機，於是就產生了價值矛盾與利害衝突。洪健榮：《清代臺灣社會的風水習俗》，頁292～296。

〔註10〕　謝文華：《清末買辦商人的價值取向》，頁145。

〔註11〕　唐贊袞：《臺陽見聞錄（一）》，頁26～27。

〔註12〕　劉銘傳：《劉壯肅公奏議（三）》，頁351。

〔註13〕　唐贊袞：《臺陽見聞錄（一）》，頁25。

〔註14〕　馬偕（George Leslie MacKay）著，林晚生譯：《福爾摩沙紀事：馬偕台灣回憶錄》，頁41。此外，清廷對礦場之管理不善，也是問題癥結點之一。就如同俄國海軍艾比斯（Paul Ibis）所言：「我發現那些礦場處於很原始的狀態。一切根本毫無制度可言，任何人只要想挖掘，就可以自己挖一個洞，無論在哪裡挖都可以。同樣的，想要棄置也可隨意棄置。」艾比斯（Paul Ibis）：〈福爾摩沙：民族學遊誌〉，收於費德廉、羅效德編譯：《看見十九世紀臺灣——十四位西方旅行者的福爾摩沙故事》，頁197。

> 燒煤；商務、關稅，因而起色。福、泉沿海船戶，運鹽來臺，裝煤
> 回閩，鹽價因而便（宜）。煤礦停歇，商船不過臺灣，關稅必減；鹽
> 船無貨回載，鹽價必貴。且一經停歇，煤礦工匠千餘人，未免遽失
> 生計。〔註15〕

由此可見唐贊袞認爲若不開新礦，不僅煤不夠用，甚至會導致關稅收入減少、鹽價升高，以及礦工頓失生計。在開與不開兩害取其輕下，唐贊袞認爲應開新礦。

　　除了上述各種贊成開採煤礦的觀點外，另一個在當時頗爲盛行的理由，就是「爭利」。例如，劉璈說：「臺北煤務，人盡知其害；然以愚觀之，實爲臺灣之大利；尤不僅爲臺灣之大利，且能奪外人利權而還之中國者也。」〔註16〕何以煤務爲台灣之大利呢？劉璈進一步解釋說：

> 臺煤不可不開，尤不可不力圖暢銷，與夫銷路不必分別中外，不可
> 使洋人專收通商全利情形，詳細奏明；則臺灣之煤可以銷暢而無窒。
> 存煤盡，新煤出，不惟可裕臺灣之餉，且可協省垣之餉；不惟可協
> 省垣之餉，並可奪還洋人利權，爲中國富強之一助。〔註17〕

原來是因爲藉由煤的銷售，不僅可以富裕台灣的財政，而且也可協助福建的財政所需，甚至，還可以幫助清國富強。

　　那麼，何以說劉璈此一爭利的想法在當時頗爲盛行？其原因與買辦的價值觀有關。以李春生爲例，李春生也有此一想法。他說：「開礦以取利」〔註18〕、「富強尤關者……制造、船政二者……以資益商利民……義能通財，而智可儔敵，加之興礦務以取利……又何患乎經費之不資哉」〔註19〕。針對此一價值觀，吳文星稱李春生「所著眼者在於地盡其利，以創造國家社會之財富，使國計民生同享其利」〔註20〕。而謝文華則透過眾多買辦的相關論述，來分析買辦此價值觀形成之因。謝文華指出，「義」與「利」往往是相衝突的。而在傳統社會，儒家思想認爲若二者相衝突，則取義而捨利。但是，由於買辦

〔註15〕唐贊袞：《臺陽見聞錄（一）》，頁 25～26。
〔註16〕劉璈：《巡臺退思錄（一）》，頁 34。
〔註17〕同上註，頁 37。
〔註18〕李春生：《主津新集》，收於李明輝、黃俊傑、黎漢基編：《李春生著作集（第二冊）》，頁 12。
〔註19〕同上註，頁 49。
〔註20〕吳文星：〈清季李春生的自強思想——以臺事議論爲中心〉，頁 130。

階級從商，「利」對其而言較爲重要，但儒家思想的束縛仍在。因此，爲了調適義利的衝突，買辦們不僅加強「重義」的取向（例如從事慈善事業），也將「重利」的心態做調整。也就是買辦們呼籲要發展新式工商業，並對外爭利權以使國家富強。此一舉動之目的，是要將私人「重利」的取向，轉化成追求國家利益的「重義」取向。而這也使買辦在洋務方面的長才，得以在「民族大義」下發揮。〔註21〕

也因此，與外人爭利在當時成爲流行的口號。而從事洋務運動之官員，也藉由這樣的口號來推動煤礦的開採。所以，劉璈力陳：

> 夫臺北開煤，以中國海隅舊無大礦，駛船造器，動向外洋購煤，外人屯貨居寄，獨持利柄；且又覬覦基隆之煤，欲以中國所產還取中國之利。其時若不禁阻而聽其開採，利權彼操，我無有也。故議以爲中國之煤，中國自行開採，供中國輪船之用。其拒絕外人之意，至明且決。誠以利之所在，不得不爭。〔註22〕

從上文便可看出該論述是架構在「民族大義」之下。也就是外人將所開採的清國之煤礦，反過來售予清國以得利。所以，劉璈認爲不如自行開採，將原本屬於自己的利拿回來，是以此利「不得不爭」。當然，不能否認，從事洋務運動之官員也喊出「民族大義」之口號，有一部分也是受洋務運動之本質——「愛國運動」〔註23〕的影響。

綜觀以上李春生、唐贊袞、劉銘傳、劉璈等人對於基隆煤務之論述，不外乎是採取兩種策略模式：駁斥或迴避基隆風水之說（如圖4-1）。透過這兩種論述模式，來推行礦務。而這也迥異於洋務運動推行前，藉由風水之說以禁止開礦之論述模式。〔註24〕

圖4-1洋務運動推行時煤務之論述模式圖〔註25〕

〔註21〕謝文華：《清末買辦商人的價值取向》，頁120。
〔註22〕劉璈：《巡臺退思錄（一）》，頁35。
〔註23〕呂實強：〈論洋務運動的本質〉，頁89。
〔註24〕洪健榮：《清代臺灣社會的風水習俗》，頁323～324。
〔註25〕同上註，頁324。

（二）金礦、硫磺及其他礦產

　　台灣除了煤礦在清治末期受到重視外，金礦也是另一受重視之礦產。台灣北部也有金礦，在現今雙溪、瑞芳等地。〔註26〕而清治末期時，對於金礦的開採有所限制。唐贊袞說：「基隆出產金砂，經撫帥邵派員經理，只准本地民人淘挖售賣，不准外來游民溷跡其中。由官稽查、彈壓，抽收釐金，以裕民生，而裨公用。」〔註27〕由此可見當時只准本地人民淘金，並且要受官府稽查。

　　而是否該開放金礦之開採，在當時亦有引發議論。由於當時開採金礦者，政府會發給執照，並且課稅〔註28〕，所以胡傳認為金礦開放開採是有益處的〔註29〕。但是，蔣師轍並不認為如此，他認為開放採金「害百於利」。他說：

> 「淘沙得金，其細已甚，貧民業此，或博果腹。今主於官，日需牌費錢百（禁私淘，以牌為識，出錢購牌，謂之牌費），地租錢五十（沿溪田畝空廢，出錢酬之，謂之地租；有籍者歸業戶，無則歸官）；臺地食貨縻不昂直，人日費復需百錢，一日所得，必可易錢三百，乃稍稍有贏。然地多雨，趨工不能無間，月或罷淘十日，束手坐食，則所贏窒矣。土著之民，猶可無患。今則聞風蝟至者，皆粵中亡賴之徒，一旦利竭，饑寒無歸，不亂何待？至於爭壤角力，釀為釁端，猶害之細焉者也。蒙以謂甯使國家少十餘萬金之利，必不可使臺灣有三數千貧窶獷悍之民」！〔註30〕

蔣師轍是從民生以及治安的角度，來反對開放採金。就民生而言，淘金需繳交相關稅金及費用，且由於天候的因素未必每日皆能淘金，所以採金對人民而言未必是獲利的。若如此，則後續可能會引發社會治安的問題。因此，蔣師轍才會說採金「害百於利」。

〔註26〕佐倉孫三：「自基隆至宜蘭間，山脈連天，高峰衝天。其中間有溪谷，曰頂雙溪、曰瑞芳店，多產砂金」。佐倉孫三著，林美容編：《白話圖說臺風雜記》（台北：台灣書房，2007），頁259。

〔註27〕唐贊袞：《臺陽見聞錄（一）》，頁27。

〔註28〕佐倉孫三：「劉巡臺之時，入山採金者……皆給證票，每日徵十五錢」。佐倉孫三著，林美容編：《白話圖說臺風雜記》，頁259。

〔註29〕鐵花曰：「不費公家一錢，而歲入十餘萬金，此天下第一美礦也」。蔣師轍：《臺游日記》，頁76～77。

〔註30〕同上註，頁77。

蔣師轍除了以上述理由反對開放採金外，另外更透過「國家存亡」的論述，來加強其反對開放採金的立場。他說：

> 臺灣志略謂哆囉社產金，而臺灣外紀云康熙壬戌間鄭氏遺僞官陳廷
> 輝住其地采金。老番云，采金必有大故。詰之，曰，初日本居臺來
> 采金，紅毛奪之；紅毛來采金，鄭氏奪之；今又來取，豈遂晏然？
> 明年癸亥，我師果克臺灣。，（案：原文有此逗點，爲多餘）語似荒
> 怪，而實得之身歷。今以利媚上者方力持淘金之議，招集徒手，重
> 其征斂，豈眞未睹此說邪？抑既言利，則害不暇計耶？〔註31〕

在這段引文中，蔣師轍是採取「採金會導致國家滅亡」的觀點做爲論述策略。有一位老番說日本、荷蘭、明鄭，皆因採金而被滅，因此蔣師轍便藉此一迷信（但是蔣師轍不認爲這是迷信，而是事實），將淘金之害提升到國家的層級。

另一重要之礦產，是硫磺。台灣硫磺之產地，仍以北部爲主，就如同池志澂所言：「有硫磺產於金包里、冷水窟、大礦山、北投等處，距雞籠近或二、三十里，遠或四、五十里，皆爲利源所在」〔註32〕。原先，硫磺是禁止出口、且只准官用的〔註33〕。雖然如此，但是硫磺仍是重要的〔註34〕。其之所以重要，是因爲它是製造火藥的主要原料。〔註35〕光緒12年（1886年），清廷批准台灣硫磺出口。而硫磺的出口，是屬於官辦性質之貿易〔註36〕，是以在台北設有腦礦總局，歸巡撫管轄。硫磺官辦出口後，其銷售情形如唐贊袞所言：

> 現經弛禁：凡民間藥材、花礆等項，皆需購用，銷路較廣。惟日本
> 產礦極多，價值亦賤，奸民私行販運，獲利甚厚。加以廣東英德、
> 清遠二縣，民間自開礦礦，亦准弛禁。故目下臺地積存礦石不少。
> 〔註37〕

〔註31〕同上註，頁66。
〔註32〕池志澂：《全臺遊記》，頁8。
〔註33〕唐贊袞：「查此物久經封禁，只准官用，不准販運出口」。唐贊袞：《臺陽見聞錄（一）》，頁25。
〔註34〕李仙得：「硫磺出口，雖亦爲和約所禁，但此物於此島中，實關要重之物」。臺灣銀行經濟研究室編：《臺灣番事物產與商務》，頁36。
〔註35〕在清治前期，清廷即有派人來台灣採硫之紀錄。例如，1696年福建榕城火藥庫爆炸，隔年（1697年），郁永河奉命前來基隆、淡水採硫磺，後寫就《裨海紀遊》。黃美娥：〈台灣古典文學史概說（1651～1945）〉，頁235～236。
〔註36〕台灣硫磺收歸官辦，是由林維源、林朝棟等所籌商的。劉銘傳：《劉壯肅公奏議（三）》，頁368。
〔註37〕唐贊袞：《臺陽見聞錄（一）》，頁25。

由此可知台灣開放硫磺出口後，其用途不再限於官方製造火藥用，民間對於硫磺也有使用之需求。雖然用途增廣，但不代表台灣硫磺的銷量就一定增加。由於日本的硫磺價格較低，且廣東也准許民間開採硫磺，因此台灣硫磺的銷量並沒有隨著銷路的增廣而增加。

除了煤礦、金礦及硫磺外，石油也受到重視。但是書寫到台灣石油的，是外國人，而非清國人。該名外國人說：

> 地底下的財富也可與地面上的美麗相匹配。有金礦與銅礦。煤礦已經大量開採。石油，那「未來的燃料」，就如其他大部分的地方一樣，在此亦找得到。還有原始林，當文明人將自己深植此地時，那很快就會被破壞了。〔註38〕

該名外國人除了一般人注意到的煤礦、金礦外，特別強調台灣也找得到石油。但是，文末作者卻也擔心起文明人會因為此地下的財富，而破壞地面上的美麗。廖炳惠指出，旅行所涉及的情感（Sentiment）面向，所引發的反應之一，是反征服（anti-conquest）。也就是希望透過保留的方式，將人間淨土、自然純樸的異地保留其原始的風貌。〔註39〕從這個角度來看，則該名外國人也同樣有此情懷，因此擔心美麗的地貌被破壞。

綜觀以上各礦產的討論，可以發現各礦產幾乎都有是否開採之議論（不論反對開採的理由為何）。而李春生便針對禁止開採礦產加以抨擊。他說：

> 內山五金積礦甚多，其如穡繁工少，土民愚昧，地表之利，尚且未能全收，況地中之利，又何暇以計？國朝例禁開挖，自願埋沒其利，無異乎棄黃金為廢土，視有用之地為無用之區，譏有關之論為無稽之說。〔註40〕

由此可見李春生認為礦產不宜禁止開挖，否則就是自棄其利。

二、經濟作物的產銷

台灣除了礦產豐富以外，可食、可用的經濟作物之種類也很繁多。正如羅大春所言：「臺地所產，以靛、煤、茶葉、樟腦為大宗，而皆出於淡水北。

〔註38〕佚名：〈福爾摩沙與日本人〉，收於費德廉、羅效德編譯：《看見十九世紀臺灣——十四位西方旅行者的福爾摩沙故事》，頁141。
〔註39〕廖炳惠：〈旅行、記憶與認同〉，頁89。
〔註40〕李春生：《主津新集》，收於李明輝、黃俊傑、黎漢基編：《李春生著作集（第二冊）》，頁14～15。

比年荒山窮谷栽種愈盛，開採愈繁」〔註41〕。而在清治末期，經濟作物中最重要的，是茶與樟樹（樟腦）。〔註42〕

　　由於地形及氣候的因素，台灣茶的主要產地在北部，這可由池志澂所言看出：「臺北出產以茶……為大宗。每歲出茶可二千萬觔，而烏龍為最佳，美國人喜之」〔註43〕。台灣烏龍茶的外銷，始於 1869～1870 年，英商陶德（John Dodd）將烏龍茶銷往美國並獲得好評，此後就打開台茶的國際知名度。〔註44〕而台茶品質之佳，以及受國際市場歡迎之程度，正如李春生所言：

> 淡水一埠，目下產茶，歲可烏龍十數萬箱。栽種者接踵而起，久後
> 可期百萬計之。其茶葉嫩鮮，氣味清香，洵為天下無匹。中外商人
> 慕名趨採者，幾於絡繹載道。果爾加以精工巧製紅茶，并售英、美，
> 則閩省茶利，深恐為其所奪。〔註45〕

從文中便可看出台茶之受歡迎，甚至，超越福建所產之茶，所以李春生才說「閩省茶利，深恐為其所奪」。

　　也由於台茶如此受歡迎，因此造成外商收購台灣茶葉，而導致台茶價格暴漲（有關清治末期台茶價格波動之情形，請參閱第二章第三節之「開港後之國際貿易」），以及土地使用情況之改變，也就是農民競相開闢茶園。此一現象，馬偕也有記錄：

> 種茶現在也變得很重要，而且台灣茶已在英美成為受歡迎的飲料。
> 在二十年前淡水西南部的一片大草原，原本只有零星小塊的稻田散
> 佈其中，現在變成一片極壯觀的茶園。茶葉每年也提供工作給數千
> 人，其中有不少工人是從大陸被帶來的。〔註46〕

由此可見當時栽種茶樹之興盛。另外，從文中也可得知台茶熱銷的另一個影響，便是創造了許多工作機會。

　　從以上李春生及馬偕之言論，即可看出製茶之利。而官員們對於製茶業，

〔註41〕羅大春：《臺灣海防並開山日記》，頁 56。

〔註42〕蔣師轍：「其物最富者，曰茶，曰樟腦」。蔣師轍：《臺游日記》，頁 104。

〔註43〕池志澂：《全臺遊記》，頁 5。

〔註44〕許賢瑤：〈日治時代臺灣包種茶的生產與交易〉，《臺北文獻》直字 151 期（2005
　　　　年 3 月），頁 138。

〔註45〕李春生：《主津新集》，收於李明輝、黃俊傑、黎漢基編：《李春生著作集（第
　　　　二冊）》，頁 14。

〔註46〕馬偕（George Leslie MacKay）著，林晚生譯：《福爾摩沙紀事：馬偕台灣回
　　　　憶錄》，頁 107。

有何看法？丁紹儀認為：

> 比聞臺北居民，亦多以茶為業，新闢埔地，所植尤繁，其味不減武
> 夷；無齒及水沙連者矣。因思天下事不待引誘勸誡，無不爭趨如騖
> 者莫如利；苟無利焉，雖鞭箠在前、刀鋸在後，驅之迫之，強行數
> 武止矣。……臺地之茶，均不煩督責而日增月盛有莫知其然而然者，
> 亦無他，其利厚也。欲為閭閻興大利，必審察其利之厚薄，庶幾不
> 勞而民勸。〔註47〕

丁紹儀相當肯定台灣製茶之利，由於台茶利厚，所以才吸引許多人從事此業。所以他認為若要興大利，則必需審視何者之利較多，如此便能在利之所趨下，很快就可以收到成效。

而蔣師轍對於台灣製茶之利的看法，也與丁紹儀相同。他對於烏龍茶外銷國外所獲之利大加肯定，認為其利可與糖之利一較高下。並且，藉由書寫大稻埕千百成群受雇揀茶的婦女，背後也隱含了肯定製茶業帶來工作機會之利。也因此，他對於建議拔掉茶樹改種桑樹者，抨擊說：

> 有報拔茶植桑之議者，微論炎荒天氣，不宜於蠶，即使宜之，亦非
> 一二年可收其效。毀百數十萬已成之利藪，而冀幸不可知之原，拂
> 民已甚，決不可行。且維持風化，固自有道，謂臺北有桑無茶，婦
> 女遂不婬逸，亦言之決不讐者。腐儒談經濟，往往如此。〔註48〕

蔣師轍是從利的角度來反駁拔茶植桑之議。他認為台灣的天氣不宜養蠶，即使適合，也無法在一、二年內就有成效。因此，放棄現有之大利，改從事無法預知之事，往往是腐儒的想法。另外，也由於台灣茶葉有厚利，因此身為茶商的陶德（John Dodd）將茶葉稱為「快樂之葉」（merry leaf）〔註49〕。

而樟樹除了本身木材性質佳外，也可提煉樟腦，因此也是具有經濟價值的植物之一。池志澂說：「漫山遍野皆樟，大者合抱，氣甚芬烈，熬其質可為腦，有腦寮、腦局在，歲出腦數百萬，近設腦務總辦理之」〔註50〕，由此可見台灣樟樹之多，以及樟腦出口量之大。若樟樹不提煉樟腦，本身也有用途，就如同蔣師轍所言：「樟，余所見一種，色紅臭烈，俗名香樟，作書廚可避蠹」

〔註47〕丁紹儀：《東瀛識略》，頁63。
〔註48〕蔣師轍：《臺游日記》，頁64～65。
〔註49〕陶德（John Dodd）著，陳政三譯述：《北台封鎖記——茶商陶德筆下的清法
　　　　戰爭》，頁130。
〔註50〕池志澂：《全臺遊記》，頁8。

〔註 51〕，由此可見樟木適宜做家具。而由樟樹所提煉的樟腦，不僅可以用來製作火藥、醫藥，其他許多東西之製作也都需要用到樟腦。〔註 52〕也因為樟腦的需求量大，所以樟腦的價格也就高漲。（有關清治末期樟腦價格波動之情形，請參閱第二章第三節之「開港後之國際貿易」。）對於樟腦，蔣師轍認為「樟……取其木煎腦，亦臺地之一大利源，惜西夷龍斷，我不得專」〔註 53〕。樟腦雖為台灣一大利源，但是此一大利是掌握在西人手中，因此蔣師轍覺得很惋惜。

　　除了茶葉及樟樹（樟腦）外，其他經濟作物也有被書寫。例如，吳子光認為食物中似賤而實貴的，是地瓜。他說地瓜有紅黃白三種，隨種隨穫，而且不必擔心旱災。另外，地瓜價格便宜，又不需花太多人力照顧，而且四季皆有生產，並且可作成許多食品。所以，吳子光認為地瓜是似賤而實貴。〔註 54〕此外，有一位外國人對於台灣的稻米及蔗糖，也有所書寫：「這綠林是極好的，一走過多霧、濕軟的平原，就有豐富的火山岩屑，生長的稻米為世界最佳，蔗糖也大部分由此出口到中國去」〔註 55〕。由文中可看出該外國人對於經濟作物的地景之書寫是正面的。而 Emma Jinhua Teng 指出，由於通商口岸的開港帶來經濟上的改變，使得 19 世紀晚期，台灣地景出現了新圖像。也就是隨著茶與樟腦成為有利可圖的資源，讚美茶及樟腦成為旅行書寫的新文學傳統。亦即台灣地景的書寫，由「中國穀倉」轉變為「綠金之地」。〔註 56〕綠泛指植物，而金則泛指利益。也就是說台灣地景的書寫，由讚美米、糖等糧食，逐漸轉變為讚美茶與樟腦。而以上各作者對於經濟作物的論述，也正好印證了此一地景新圖像。

〔註51〕蔣師轍：《臺游日記》，頁 70。

〔註52〕佐倉孫三：「樟腦……凡自硝藥、醫藥以至百種製造品，莫不待之」。佐倉孫三著，林美容編：《白話圖說臺風雜記》，頁 261。

〔註53〕蔣師轍：《臺游日記》，頁 70。

〔註54〕吳子光：《一肚皮集》，收入黃哲永、吳福助主編：《全臺文（第十三冊）》，頁 571。

〔註55〕佚名：〈福爾摩沙與日本人〉，收於費德廉、羅效德編譯：《看見十九世紀臺灣——十四位西方旅行者的福爾摩沙故事》，頁 140～141。此外，池志澂對於蔗糖也有相關的書寫。池志澂說：「此地出蔗糖，多賤售我溫，以港口與溫海對峙也」。池志澂：《全臺遊記》，頁 12。

〔註56〕Emma Jinhua Teng，*Taiwan's Imagined Geography：Chinese Colonial Travel Writing and Pictures，1683～1895*（Taipei：SMC Publishing Inc.，2005），pp. 212～214.

第二節　國際貿易的評論

　　通商口岸的開放，不僅使得台灣的貿易範圍擴大，也使得台灣的貿易更加熱絡。（有關開港後進出台灣港口之船隻數量、噸位等貿易情形，請參閱第二章第三節之「開港後之國際貿易」。）就如同一件事往往有好與壞兩個面向般，國際貿易也是如此。國際貿易的熱絡，對台灣來說未必都是正面的影響。因此，本節所欲探討之散文中的國際貿易評論，將分為國際貿易的正面影響與負面影響二個面向來討論。

一、國際貿易的正面影響

　　台灣開放通商口岸後，西方列強的經濟勢力得以進入台灣，而台灣也因此可以與世界各地之物產互通有無。對於這樣的現象，人們有何看法？首先，就從商且身為買辦的李春生來說，他認為台灣「山傑地靈，土產饒裕，非僅足供本國之用，外此亦可任憑販運他售，恆享出口無疆之利也」〔註57〕。由此可見，李春生認為台灣適合發展國際貿易，並且可以藉此獲得大利。〔註58〕當然，李春生是買辦階級，他會贊成台灣發展國際貿易，是料想的到的。那麼，其他身分的人，例如官員和文人，是否也對台灣的國際貿易抱持正面的看法？以唐贊袞為例，他說：

> 臺地自辦商務以來，不及兩載，市面漸繁。蓋從前府城一帶，田地
> 十居其八；刻下起造房屋，各項貿易櫛比星羅，非復舊日荒涼氣象。
> 而艋舺為貨物聚集，規模宏敞，不減申江。〔註59〕

從文中可以看出唐贊袞對於台灣的國際貿易是持正面的看法。他認為由於台灣發展國際貿易，使得台灣能在短時間內漸漸繁榮，而不像過去般荒涼。所以，對唐贊袞來說，國際貿易的發展，也能同時帶來一地之發展。

　　而沈葆楨則以煤礦之銷售為例，來表達他對台灣國際貿易的看法。他說：

> 墾田之利微，不若煤礦之利鉅；墾田之利緩，不若煤礦之利速。全

〔註57〕　李春生：《主津新集》，收於李明輝、黃俊傑、黎漢基編：《李春生著作集（第二冊）》，頁14。

〔註58〕　李春生除了此段關於國際貿易的正面論述外，林淑慧也探討了李春生其他的相關論述，例如〈說憾〉一文呼籲正視拓展國際關係（包括貿易）的重要性，而不應受限於夷夏的區分。林淑慧：《台灣清治時期散文的文化軌跡》，頁290～291。

〔註59〕　唐贊袞：《臺陽見聞錄（一）》，頁44～45。

臺之利以煤礦爲始基，而煤礦之利又以暢銷爲出路。南北各省按日
以煤炊爨，入冬以煤禦寒；若出口暢旺，煤價必昂，於民間不無窒
礙。臺地則炊爨、禦寒均無藉於煤，除出口外，別無銷路。其煤質
鬆脆，不敵西洋所產，而與東洋之煤尚相去不遠。然臺煤雖富，年
來開采仍不甚旺；其所以不旺之故，則由於滯銷。西洋產煤，金山
最夥；從前夾板船隻皆繞金山而來，貨物而外以煤壓載；煤佳而價
平，此固非臺煤所能敵。自埃及紅海開通以後，洋船無須繞過金山，
金山之煤遂稀，其價亦日昂。而臺煤仍不暢銷者，以東洋之煤成本
較輕，獨擅其利故也。今欲分東洋之利，必將臺煤減稅以廣招徠。
洋商計較錙銖，聞風而至。以後稅則雖減，而總計稅入仍不至懸殊，
於民間生計當有起色。至船局所用臺煤，向係免稅，不在定則之內。

〔註60〕

沈葆楨就墾田與煤礦相比，認爲煤礦銷售是全臺之利的始基。由於台灣不需
以煤炊爨、禦寒，所以台煤只有外銷。但是由於台煤的品質沒有西洋之煤來
得好，所以往往滯銷。後來雖然金山之煤價格昂貴，但台煤的銷售仍不旺，
這是因爲東洋的煤成本較輕之故。於是，沈葆楨擬將台煤的關稅減爲每噸稅
銀一錢〔註61〕，以增加其銷售量。此建議就經濟學的觀點而言，是合理的。
因爲降低台煤的關稅，台煤的售價就會降低，因而會刺激其消費量（如圖 4
－2）。〔註62〕而台煤的暢銷，則對「民間生計當有起色」。也就是說，沈葆楨
以台煤的國際貿易爲例，認爲此一國際貿易不僅有稅款收入，而且對民間生
計也是有所裨益的。

圖4－2 價格、數量與需求關係圖

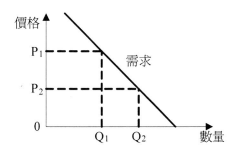

〔註60〕 沈葆楨：《福建臺灣奏摺》，頁 14。
〔註61〕 羅大春：《臺灣海防並開山日記》，頁 38～39。
〔註62〕 N. Gregory Mankiw，*Principles of Economics*，pp. 68～69.

　　此外，羅大春對於台煤的出口，也有相關的論述。他說：「通商稅則：外國煤進口，噸徵五分；土煤出口，每百斤徵銀四分，計一噸應徵銀六錢七分六釐。近臺灣產煤甚富，當事乃議請出口土煤如入口洋煤徵稅，則開採之利不致盡歸洋人矣。」〔註63〕從文中可以看出羅大春對於台煤降低出口關稅一事，也是贊同的，因爲如此一來則煤礦之利不會全歸洋人。而這也顯示出羅大春認爲煤的國際貿易，是有利可圖的。當然，羅大春此論述的重點，是如上一節所言，要與外人爭利。此外，英商陶德（John Dodd）也有關於國際貿易的論述。他說：

> 漢人種植菸草作物，大量地用戎克船輸出到大陸，在那裡依漢人的口味來烤菸葉（用烤等方法加工處理），再以此形式輸入福爾摩沙，僅供漢人享用。此作物在福爾摩沙似乎很繁盛。奇怪的是沒人試圖在此製造雪茄及方頭雪茄煙以銷到外國。從菸葉的質地與大小來看，要把雪茄做成跟那些在馬尼拉產的一樣好並不難。〔註64〕

陶德觀察到菸草的種植在台灣很興盛，但是他對於沒有人將菸草製爲雪茄以銷到國外，感到很奇怪。從陶德的論述中可以看出，他認爲台灣的菸草製爲雪茄是有利可圖的。

　　以上各個對國際貿易持正面看法的論述，或出自官員，或出自商人階級，而且都認爲發展國際貿易是有好處的。拋開商人階級原本就重商不談，可以發現在官員的論述中也充滿重商思想。何以重商思想也擴及非商人階層？謝文華指出，重商的價值觀到了1842年以後，愈加興盛。這是由於1842年清廷因戰敗而被迫開放通商，因此西方列強的商業勢力便逐漸進入中國。也因爲受到西方商業勢力的影響，通商口岸地區居民的價值觀便逐漸傾向重商思潮。而此一重商思潮不僅在商人間流傳，朝廷官吏與平民百姓間也是如此。所以，可以說當時社會上形成一股「重商」的潮流。〔註65〕因此，上述官員的論述中，也存在著重商思想。當然，也如林淑慧所言，重商是他們所謀求的救國方法之一，也就是他們認爲富裕指數的提升，與國力的增強有密切關係。〔註66〕

〔註63〕 羅大春：《臺灣海防並開山日記》，頁25。
〔註64〕 陶德（John Dodd）：〈北福爾摩沙高山部落的風俗習慣略覽〉，收於費德廉、羅效德編譯：《看見十九世紀臺灣——十四位西方旅行者的福爾摩沙故事》，頁246。
〔註65〕 謝文華：《清末買辦商人的價值取向》，頁46。
〔註66〕 林淑慧：〈清末台灣政經思想——以文人論述爲主軸〉，頁101。

二、國際貿易的負面影響

　　國際貿易的發展，雖然有可以增加台灣的稅收，以及改善人民的生計等正面的影響，但是也有一些負面的影響隨之而來。會有哪些負面的影響？首先，就商品而言，國際貿易不外乎是商品的互通有無。藉由國際貿易，台灣的商品得以出口外銷到國外，而國外的商品也得以進口到台灣來。但是，進口到台灣來的商品是否都是好的？未必如此。例如，李春生就抨擊鴉片的進口說：

> 人於屋漏尚須圖爲善德君子，況夫處光天化日之中，行有目共賞之
> 地，稱富道強，爭盟主，競牛耳，自許宇宙内之純被教化，如歐、
> 美二洲諸雄國者，竟任夫販鴉片爲貿易，以荼毒鄰國，又飾詞利權
> 各擅，政無代庖，詎非明認天以下同一不仁之世界，自應個私所短，
> 無得越俎干預？此尚得謂禮義王化者乎？〔註 67〕

由於當時台灣許多人都有吸食鴉片的習慣（有關台灣好吸鴉片之情形，將在第五章第三節討論），所以台灣有廣大的鴉片市場〔註 68〕，再加上鴉片具有高額利潤，所以西方列強喜歡進口鴉片至台灣〔註 69〕。然而鴉片有害健康，因此李春生就抨擊西方列強放任鴉片出口至其他國家以荼毒鄰國，這樣的行爲，根本就不配稱爲君子。而從這裡也可看出李春生雖然認爲國際貿易可以帶來大利，但他不是盲目地認爲任何物品皆可貿易。

　　而物品的交易則會牽涉到貨幣。當時台灣的外幣，有以下數種：一是圓錢，也就是番餅，俗稱洋錢，重七錢二分。若上面鑄有人面，則稱人頭番；若鑄有鷹形，則稱爲鷹洋，皆來自西洋。另外也有日本番餅（日本改學西方之制度），雖然其銀色不足，但形式頗精。二是中錢，也就是小番餅，重三錢六分，因此俗稱對開洋錢，二個中錢等於一個圓錢。三是茇，也是小番餅，重一錢八分，因此俗稱四開洋錢。另外，也有重九分之八開洋錢，重四分五釐之十六開洋錢。這些都是從西洋流入的，並非台灣原有之貨幣。〔註 70〕而

〔註 67〕李春生：《主津新集》，收於李明輝、黃俊傑、黎漢基編：《李春生著作集（第二冊）》，頁 162。

〔註 68〕林滿紅指出，不僅是台灣，當時整個清國是世界上使用鴉片最多的國家。林滿紅：《清末社會流行吸食鴉片研究──供給面之分析（1773～1906）》（台北：臺灣師範大學歷史研究所博士論文，1985），頁 14～51。

〔註 69〕當時洋藥加工的平均利潤率爲 13.72%，而淡水的洋藥加工利潤率則爲 17%，打狗則高達 23%。同上註，頁 137。

〔註 70〕蔣師轍：《臺游日記》，頁 65。

對於台灣因國際貿易而充斥外幣，文人們有何看法？蔣師轍認為：

> 番餅充斥，网利無形（每枚雜銅四分鑄成）。余嘗痛疾之，謂為通商
> 後諸大漏厄之一。詳志所述，則臺灣中患為最先矣。圜法之敝，亦
> 甚內地，如赤嵌筆談所云鵝眼荇葉，散若流泉，見行鼓鑄，輪郭周
> 好，棄而不用者，比稍禁革，然弊又他滋。番餅一枚直錢九百五十，
> 以重七錢二分為率，不及者有減（臺灣所名為通用番者，皆椎鑿重
> 疊，體無完膚，甚有中穿如環，其重不滿五錢者），而過者不增（日
> 本番餅名庫番，其體最重有七錢三、四分者）。錢貴利權獨專，四民
> 皆困。曾為有位者一再言之，越位之思，殊無裨益也。〔註71〕

由於洋錢的鑄造品質不佳，不僅在材料上有摻雜銅去鑄造，而且在重量上也
往往沒有達到標準，有些過輕，有些過重，所以蔣師轍就貨幣層面來考量，
認為國際貿易造成台灣番餅的充斥，是其負面影響之一。

此外，台灣通商口岸的開放，不但使得貨物可以交流，也可以促使人才
的交流。例如，當時要開採八斗山的煤礦，所以從國外購買開鑿山洞的機器，
並聘請洋人翟薩為煤師。對於此一現象，蔣師轍也有所議論。他說：

> 嗚呼！此亦通商後大漏厄之一也。狡夷以利羑我，幸墮其術，於是
> 購一夷器，故高其價，自數萬金至十數萬金不等。夷工雇直，人又
> 歲縻番餅數千。我地未穿，彼橐已盈。卒焉不效，則又咎中國之惜
> 鉅費，不能殫其掘地百仞之能，而工之坐獵厚貲，侈然自若。徐州
> 之采鐵，平度之采金，皆事之最可太息者。雞籠煤礦，雖未中輟，
> 然得失之數，固亦不相離矣。蒙謂以中國之民力，采中國之地利，
> 流不旁溢，原無聚竭，所費為約，所得有恆，富國富民，其道亦未
> 始不可馴至也。〔註72〕

蔣師轍在文中所批評的通商後另一負面影響，是西方列強先以「利」說服清
國採煤，然後故意提高機器的售價。此外，每年付給洋人之工錢達數千，但
這些洋工沒做多少事卻可領高薪。因此，蔣師轍抨擊說地未開而洋人的口袋
已裝滿錢。當然，造成此一現象的原因，不盡然都是通商所引起的，這其中
也牽涉到清國的管理問題。只是，蔣師轍的論述策略，是要將此一現象與通
商的弊病連結在一起，藉此以強化其與外人爭利之論述。

〔註71〕同上註，頁 65～66。
〔註72〕同上註，頁 130～131。

第三節　財政制度的評論

　　一個國家的各種施政措施以及公共建設等，皆需用到錢。有充裕的經費，則政策與建設才得以順利進行；若經費不足，則政策與建設會窒礙難行。因此，一國的財政就顯得相當重要。而財政的好壞則有賴財政制度的健全與否。清治末期的台灣，其財政狀況如何？而官員與文人們，對於當時台灣的財政制度又有何評論？以下將分為開源節流的的建議、賦稅的改革，以及內部控制的加強等三方面來討論。

一、開源節流的建議

　　清治末期的台灣，財政十分拮据。在台灣建省以前，由於台灣是歸福建省所轄，所以台灣的財政尚有福建省之協濟。但是福建省之協濟有限（福建每年協濟台灣 80 萬兩），而且有時仍不能按期如數解到。﹝註73﹞因此，治台巡撫之辦公費用若不夠開支，往往是由巡撫本人賠墊。﹝註74﹞而台灣建省之後，不僅所需的經費更多，而且若政策是屬於地方性者，則由台灣自籌執行，若為全國性之政策，才會有各省之協濟。﹝註75﹞由此可見當時台灣財政之拮据。

　　解決台灣財政如此的窘況，最直接的方法便是開源節流。而官員與文人們有何開源節流的建議？就開源而言，林豪建議說：

> 竊謂淡、蘭之闢，皆由民間漸墾漸拓，略有成緒，而後設官治之。若能開越界之禁，聽民間自行墾闢，事以漸成，則將闢之初，不費朝廷鉅餉，既闢之後，擇幹員經理田賦，量入為出，亦可免每歲之津貼，其利益豈淺鮮哉。﹝註76﹞

林豪建議解除禁入番界之禁令，而讓人民去開墾。如此一來朝廷不需花大錢去拓墾其地，而且闢成之後朝廷又可徵收田賦，一舉二得。而唐贊袞則建議說：

> 竊思理財之道，開源而外，惟有節流。現基隆議開金礦，將來利源日廣；再於支應各款，循名核實，可緩者緩、可省者省，節海疆之財，以濟海疆之用，綢繆未雨，誠自強之道。﹝註77﹞

﹝註73﹞郭廷以：《臺灣史事概說》，頁 254。
﹝註74﹞張世賢：《晚清治臺政策：同治十三年至光緒二十一年》，頁 244。
﹝註75﹞同上註，頁 245。
﹝註76﹞林豪：《東瀛紀事》，頁 65。
﹝註77﹞唐贊袞：《臺陽見聞錄（二）》，頁 96。

唐贊袞認爲開基隆之金礦將來會成爲利源，而所得之收入則可用來支應各款，再配合量入爲出，這就是理財之道。

正如唐贊袞所言，除了開源，尙需節流。所以在節流方面，蔣師轍認爲：

> 一曰節財用。全臺歲入二百萬有奇，錙銖之費，不溢於外，府庫充裕，宜甲天下；而不能者，耗之之涂廣也。竊謂練軍不可廢，而增募則宜汰，歲淆可數十萬。他可罷者罷之，不可罷者綜覈名實，使無浮冗，其淆當亦非細。臺地孤縣巨浸，一旦有警，外援不通，僅恃輸助，其何能久？禮云，無三年之蓄，國非其國。海外情事，尤可寒心！〔註78〕

蔣師轍認爲台灣的府庫應是充裕的，但是由於在某些方面（例如蔣師轍所言的練軍之費）太過浪費，所以才導致台灣的財政不佳。針對這點，胡傳也有所評論。胡傳認爲台灣施行開山政策18年來，剿番無功、撫番無效，而開墾方面則沒有任何土地向政府申報，如此便不易被徵收稅賦。此外，防止凶番出草也無效，到最後只是淪爲替富紳土豪保護茶寮、田寮、腦寮而已。然而每年皆花費大錢在這些沒有絲毫益處之事上，依舊不悔、不悟。〔註79〕由此可見當時一些治台官員做事既沒效率也沒效果，以致於經費因此而浪費了。所以蔣師轍與胡傳才會主張要節財用，以拯救台灣之財政。

二、賦稅的改革

稅的徵收也是財政制度的一環。而徵稅首重公平，包括該徵的稅要徵，不須徵收的稅也不去徵收。此外，亦不能超徵或短徵。當然，若透過稅務的改革以達到賦稅公平，就某些面向來說也是可以達到開源（增加稅收）。而此處將「賦稅的改革」獨立於「開源節流的建議」，一方面是因爲此部分主要著眼於「稅」，另一方面則是賦稅的改革未必全和開源有關，而開源節流也未必全和賦稅有關。

清治末期台灣賦稅制度的改革，最重要者莫過於清賦。清賦是由劉銘傳所推行的政策之一，其目的是在求台灣財政之獨立，也就是要增加政府財政之收入。而推行清賦的理由，是因爲台灣的田園許久未經清丈，因此存在著許多隱田（也就是未稅之田園）。此外，又有大租戶的問題，也就是紳民向政府承包土

〔註78〕蔣師轍：《臺游日記》，頁135。
〔註79〕胡傳：《臺灣日記與稟啓（一）》，頁64。

地，再分租給農民，然後再向農民抽收隘租、番租等名目。〔註80〕清賦的步驟，是先編查保甲、就戶問糧，然後再逐戶清丈；清丈之後，重定賦則，最後發丈單、收丈費。〔註81〕由於清賦前台灣南北的課稅標準不一致，所以需要重定賦則。原先南部臺灣、鳳山、嘉義三縣是採用明鄭時期的稅則舊例，賦額極重〔註82〕；而北部彰化、淡水、噶瑪蘭各廳縣，則比照同安下沙之稅則，賦額較輕。重定賦則後，不論新舊之田，一律按照同安下沙之例，分數配征，化甲爲畝（以一甲作11畝）。〔註83〕此外，「仿一條鞭辦法，刪去各項名目；凡地丁、糧米、耗羨等款，一併在內，並化折征穀價，提充正賦」。〔註84〕

至於大、小租戶的問題，後來制定了「減四留六」之政策。該政策是光緒14年（1888年）由淡水知縣汪興禕所建議，其內容是按上年所收租額之四成貼給小租戶完糧，其餘六成則歸大租戶所有，不必完糧。此政策確定了小租戶的業主權，也承認了大租戶的存在。〔註85〕一般大多以爲此「減四留六」之政策，是政府在大租戶之抗爭下，爲了妥協而做之讓步。然而，李文良的研究指出，「減四留六」表面上看似沒有解決大租戶的問題，但是此政策其實是要將「就田問賦」對小租戶造成之強大衝擊，移轉到大租戶身上。所以，這其實是對大租戶利益的進一步壓迫，並且比較傾向維護小租戶之利益。也就是說，「減四留六」的政策並不是屈服於大租戶的結果。〔註86〕

有關劉銘傳推行清賦事業，後人正、反面評價皆有。〔註87〕那麼，當時的文人與官員們，又有何評價？首先，先就此政策的推行者劉銘傳來說，他對於自己所推行的政策認爲：「現丈田園，溢出數倍，每年約可收正供銀七十萬內外。查照全臺各縣最輕之賦，尚屬有減無增。歷查臺灣田園，素多隱匿，

〔註80〕唐贊袞：《臺陽見聞錄（一）》，頁52。

〔註81〕陳哲三：〈臺灣建省之際的清賦事業及其與南投縣之關係〉，《臺灣文獻》49卷4期（1998年12月），頁36。

〔註82〕丁紹儀也說：「殆承鄭氏重斂之餘，未及議減而民不病者，地力有餘，無憂不足耳」。丁紹儀：《東瀛識略》，頁14。

〔註83〕有關清丈後田園之詳細賦率，可參見陳哲三：〈臺灣建省之際的清賦事業及其與南投縣之關係〉，頁36～37。

〔註84〕唐贊袞：《臺陽見聞錄（一）》，頁52。

〔註85〕陳哲三：〈臺灣建省之際的清賦事業及其與南投縣之關係〉，頁37。

〔註86〕李文良：〈晚清臺灣清賦事業的再考察——「減四留六」的決策過程與意義〉，《漢學研究》24卷1期（2006年6月），頁411～412。

〔註87〕有關後人對於清賦事業的相關評價，可參見黃秀政、黃文德：〈首任臺灣巡撫劉銘傳去職研究〉，《臺灣文獻》49卷4期（1998年12月），頁11。

從未丈量，此次一律丈清，是以定則雖輕，徵數較鉅。民生國計，裨益實多」〔註88〕。劉銘傳對於清賦事業能夠替政府增加 70 萬之稅收，並且將賦則減輕，認為是對民生國計都有幫助的，由此可看出劉銘傳對於該政策之滿意。這是官員對於該政策的評價。而文人的評價，是否也一樣是持正面看法？史久龍的評價是：

> 嘉邑素稱繁富。自清丈田畝後，國賦日增，民生日敝。說者謂台民之田多係開墾荒野而得者。其始也，既非價買，其繼也，復不升科，現雖丈量無遺，於彼似無大損。不知當丈量之時，從事者豈盡仁人？私壑既盈，則豪富可免，略遺未至，則飛灑無窮。事後亦有一二更正者，然非有大力者莫克挽回，此臺灣通省之大敝政，不獨嘉義一縣為然也。當事者盡昧藏富於民之義，惜哉！此余擬有請為奏減之議也。〔註89〕

從文中可以看出史久龍對於清賦政策是抱持比較負面的評價。他認為清賦雖可增加政府之收入，但因此也使得民生日敝。況且，執行丈量者未必皆秉公處理，於是對於無錢、無勢者往往就有不公平的待遇，因此也引發了民變。所以，史久龍將清賦事業評價為「臺灣通省之大敝政」。

清賦所引發的民變，是光緒 14 年（1888 年）彰化的施九緞之亂。原先，彰化縣的清丈工作，是由蔡麟祥率巡檢黃文瀚、吳雲孫等人執行，他們隨丈隨算、若有錯誤則改正，因此人民毫無怨色。然而，自從李嘉棠接手清丈工作後，由於上位者對清丈工作進度的催迫，於是李嘉棠便草率地未按規定來執行清丈工作，並且催促人民領取丈單。此外，李嘉棠更藉故殺人以示威，所以最後釀成施九緞之亂。〔註90〕而彰化文人吳德功對於施九緞之亂的評論，同樣也是抨擊未秉公執行丈量者。對於施九緞之亂中站在人民立場的相關人士，吳德功也未視之為匪類，就如同吳德功之學生吳倫明評論吳德功所寫之《施案紀略》說：

> 施九緞如醉如癡，既非亡命無賴之徒，亦非有謀略出眾之才，足見為眾所推，非存心為亂者可比。故愚民甘為施九緞、王煥掩匿，雖百計購之而不獲。而施九緞猶得死於牖下也。先生不以匪類書之。

〔註88〕劉銘傳：《劉壯肅公奏議（三）》，頁 309。
〔註89〕史久龍：《憶臺雜記》，頁 14 右～14 左。
〔註90〕吳德功：《戴施兩案紀略》（台北：臺灣銀行經濟研究室，1959），頁 97～99。

宜哉。〔註91〕

此外，吳德功對於站在人民立場的彰化縣教諭周長庚，也高度評價說：「周莘仲以現任人員為民請命，激烈與當道爭，其棄官如敝屣，臨行囊空如洗……本邑人頌公之德不衰」〔註92〕。從以上吳德功對施九緞之亂相關人物的評論中，便可看出吳德功對於整個清賦事業的評價，也是較偏向負面的。

　　史久龍與吳德功是站在弱勢人民的立場，為其發聲，而抨擊清賦事業之弊。同樣的，在清賦過程中發生施九緞之亂的彰化縣，其在地文人洪棄生也是站在人民的立場來評論清賦政策。他說：

> 稅斂之薄，皆國家所以優弛邊疆之民者，以為居地既遠，受澤或偏，故於稅斂之事，不惜竭力以寬之，且所以徠集夫轉徒之民，而安其土著之眾，此朝廷美意也。而小人涎其利之多，則以為幅員日廣，膏腴日益，不妨稍示算斂，而不知邊疆之民，兵燹既多，施恩宜厚，且一旦有事，軍餉之急嘗賴殷戶為抯注，豈復可蹙之使不聊生，不徒傷國家元氣，且亦絕軍需利源，其以不義為利財亦未嘗有利也。〔註93〕

洪棄生也是從稅對人民的影響之觀點出發，認為邊疆（台灣）與中土之情形不同，邊疆兵燹多，往往需要當地富戶捐助軍餉，因此不應增加台灣人民賦稅之負擔。從文中洪棄生使用「小人」、「以不義為利財」等詞，便可得知洪棄生對清賦政策也是持負面的評價。〔註94〕

　　同樣是賦稅改革中增稅的議題，當時有人認為台灣的米、糖、油、靛等出口至內地，而台灣日用所需之綿、絲、綢、布等，則由內地進口。所以若能徵收關稅，則一年可得十餘萬銀，對於國用不無小補。但是丁紹儀不贊成此議。他舉乾隆之言「臺灣一歲之收，蔗薯更富；若微有加賦意，以致民變，不能如是成功之速也。後世子孫，當知此意，母（案：應為「毋」）聽浮論富國之言，庶幾恆承天眷耳」，認為這是極正確的，因為這麼做可以厚民生、籌奠安。此外，丁紹儀又以丁口稅為例，來反駁增稅之議。台灣的丁口稅自康熙末年便不再增加，新增之人口一律不徵稅。到了後世，總人口已較康熙末

〔註91〕同上註，頁109。

〔註92〕同上註，頁108。

〔註93〕洪棄生：《寄鶴齋古文集》，收於黃哲永、吳福助主編：《全臺文（第18冊）》，頁97～98。

〔註94〕洪棄生其他關於清賦政策之評論，林淑慧已有探討，請參見林淑慧：《台灣清治時期散文的文化軌跡》，頁314～317。

年多很多。若每丁每年徵銀一錢，則可得銀數百萬兩。這看似不苛刻，但是民為邦本，本固邦寧，所以丁紹儀認為「取市賈蠅頭之微，效輕塵之委，嶽意雖善，左矣」！〔註95〕因此，丁紹儀反對台灣設關徵收清國商賈往來之稅，若要徵收關稅則只徵外國商人之稅即可。

三、內部控制的加強

所謂內部控制（internal control），依審計學的觀點而言，是指一種管理過程，由管理階層設計並由相當之決策單位核准，藉以合理確保達成可靠之財務報導、有效率及有效果之營運，以及相關法令之遵循等三目標。〔註96〕此定義雖然是針對營利之企業而言，但是此一內部控制之概念，同樣也適用於非營利組織（如政府）。何以內部控制和財政制度有關？因為若內部控制做得好，則可以有效地預防〔註97〕舞弊（fraud）種類之一，資產的侵佔（misappropriation of assets）之發生。〔註98〕所謂資產的侵佔，就像是將政府的收入中飽私囊，或是將政府的財產據為己有等情況。所以，若有資產的侵佔之發生，則對政府的財政會有所影響。

那麼，清治末期的台灣，政府是否有良好的內部控制？以及是否有資產的侵佔之情事的發生？從英商陶德（John Dodd）的敘述中，可以窺知梗概。陶德說清法戰爭期間法軍封鎖台灣時，地方官府為了增加收入，於是不斷提高各種釐金（lekin）以增加稅收。其中，鴉片要增課 20 兩銀，變成每單位的鴉片須繳 116 兩鴉片稅；貝那勒斯鴉片增課 24 兩銀，每單位須繳 120 兩。對於提高鴉片釐金之事，陶德評論說：「令人懷疑的是這些增加的錢，最後能納入國庫的，恐怕不到全數的百分之三十；中間當然有必要的經手、藏私陋規，涓滴歸公在清國，簡直是天方夜譚」。〔註99〕雖然陶德主要是在抱怨鴉片釐金

〔註95〕 丁紹儀：《東瀛識略》，頁 24。

〔註96〕 審計準則委員會：《審計準則公報及審計實務指引（合訂本）》（台北：財團法人中華民國會計研究發展基金會，2008），頁 242。

〔註97〕 內部控制有其先天之限制，也就是不論內部控制做得再怎麼完善，也無法「完全防止」舞弊之發生，只能合理地降低舞弊發生之機率，是以此處是說「有效地預防」，而非「完全防止」。

〔註98〕 Alvin A. Arens，Randal J. Elder and Mark S. Beasley，*Auditing and Assurance Services：An Integrated Approach*，10th ed.（New Jersey：Pearson Education Inc.，2005），pp. 310～311.

〔註99〕 陶德（John Dodd）著，陳政三譯述：《北台封鎖記——茶商陶德筆下的清法

之提高，但是從他的話中，可以看出當時清國的地方官府，幾乎是毫無內部
控制可言，以致於該歸公庫之收入，實際上僅收到一小部分而已，其他都被
經手人中飽私囊，這當然會影響政府財政之狀況。

又例如蔣師轍提到，當時乘船需先買票（以寸楮爲券），坐大餐間津沽往
返需 70 兩銀，坐官艙自津至滬需 14 兩銀，房艙則 12 兩銀，而統艙則視房艙
打 9 折。等到開船後，逐艙收票、查艙。但是賣票的人喜歡耍小聰明，往往
收了票錢卻不給票，等到查艙時就叫旅客躲在隱匿處，而所收的錢就挪爲己
有。如遇有不肯配合之旅客，則稍微分一些錢給他，一起舞弊。〔註 100〕如此
之情況，當然也會減少政府之應收帳款。以上陶德與蔣師轍之敘述，皆反映
出清國政府的內部控制有待加強。而內部控制不健全的情形，官員們也觀察
到了，所以紛紛提出加強內部控制的方法。

例如，唐贊袞《臺陽見聞錄》中記載了當時台灣的鐵路從大稻埕到基隆、
新莊等處，設有票房數處。而若因公搭乘火車，則不必付費。但是常常會有
假公濟私，以及所載貨物並非官用而冒充官用之情形發生。如此便對商務無
所裨益。爲了改善此一弊端，於是劉銘傳便擬定、施行了「奉公人等及官物
餉械分別買票收費章程」三條。章程如下：

（一）署、局、營、關奉公人等，各有差費、飯食，應請通飭一律買
　　　票搭車，不得藉口奉差，致壞商務。惟遇有更調兵勇，請撫轅
　　　中軍先期移知卑局，以便分飭票房火車各司事，遵照辦理。

（一）官用貨物，似宜免給載費。特恐一出免單，勢必紛紛舛錯，
　　　莫可究詰，轉於商務有礙。應請通飭：無論何項貨物，均須
　　　照章買票裝車，以希劃一。

（一）餉銀軍械等項，凡有憲局提到大批銀兩及由外洋購來機器、
　　　軍火，應請飭支應所、軍械所分給憑移，以便照辦。其餘概
　　　不得免給載費，以重商務。〔註 101〕

依照此章程，以後凡是奉公人員搭坐火車，或是裝載官用貨物，均須買票。
而促使舞弊發生之要素有三個：誘因（incentives）、機會（opportunities），以

　　　戰爭》，頁 131。
〔註 100〕蔣師轍：《臺游日記》，頁 6。
〔註 101〕唐贊袞：《臺陽見聞錄（一）》，頁 21。

及態度（attitudes）。〔註 102〕該章程之設計，便是要斷絕讓人冒充公務而白搭火車之機會。另外，當時全臺商務總局亦告知往來商民說：「如欲乘坐火車以及貨物搭載，即向各票房按照定價買票，以便登車。倘有額外索費等弊，准該商民投局稟揭，以憑究辦」〔註 103〕。此告示之用意，也是在預防另一弊端——票房人員藉故額外索費。所以，公告說若有此情事發生則可以檢舉，藉此以嚇阻票房人員舞弊。

此外，當時亦有訂定「臺灣鐵路章程」，茲列舉其中數條與內部控制有關者如下：

（一）凡客位及貨物，有票方准上車。倘有人貨無票者，一經查出，人貨皆加倍示罰。倘驗票司事舞弊，亦從重議罰不貸。

（一）每處派書票一人、收錢一人；開車時，則發票；車到時，則收票；以便互相稽查。

（一）車中派驗票司事一人，專管裝卸貨物、稽查客車，倘或瞻徇情面，有清定章，查出究辦。

（一）每日載客與貨若干，按日報明票根，車價一併呈交總局，以憑稽核。

（一）洋銀按時作價，不許浮收；查出弊端，立即重罰。

（一）客位貨物，不准以多報少；倘有此弊，定即議罰革退不用。

〔註 104〕

從這幾條章程中，可以發現有一重要之物——車票。有了車票，便可知道旅客有多少人、是否有人無票搭車，如此可以降低舞弊之誘因（因為若被查出無票則加倍處罰，會得不償失）。此外，車票也可以幫助稽核該有多少收入。而書票與收錢是由不同人負責，以及客貨量與票根每日呈報總局等措施，皆可減少舞弊（例如將車票收入私吞）之發生。

除了鐵路之外，當時的鹽務也有許多弊端的發生。胡傳指出，台灣鹽務弊端的根源，是「臺南沿海之地，處處可以晒鹵成鹽。良民可自晒以食，奸民可自晒以售私；加以場員、場丁漏私，緝私弁勇包私。然必先去情面之私，

〔註 102〕Alvin A. Arens，Randal J. Elder and Mark S. Beasley，*Auditing and Assurance Services：An Integrated Approach*，pp. 311～312.

〔註 103〕唐贊袞：《臺陽見聞錄（一）》，頁 22。

〔註 104〕同上註，頁 23。

而後可杜一切之私。此受病之源也」〔註105〕。文中提到場員、場丁漏私，緝私弁勇包私之情事，唐贊袞有詳細的說明：

> 其各館持引來場運鹽，場員將引裁取「繳查」，其餘三聯發還賣運。該曬丁秤手，憑引發鹽。每引五十石，委員如不檢點，每鹽一石，過秤稍高，即可溢鹽二、三觔不等。然此委員猶易防範。其所稱場漏者，即無引之鹽，必係委員串同甲首、曬丁、巡勇、左右鄰，方能出運。〔註106〕

由此可知台灣鹽務不僅有場員多秤以致多給鹽，還有場員串通其他人員無引也給鹽之舞弊情事。對於這樣的情況，唐贊袞認爲解決之道是：「若委員潔己自愛，則曬丁等力無能爲。如委員不與若輩聯同一氣，其勢亦難出運。是欲絕場漏之弊，必先愼擇委員，使任其事而後可」〔註107〕。唐贊袞認爲要從源頭改善，也就是要愼選委員。由此可知唐贊袞是著重在舞弊三要素之態度的改善，也就是選擇正直之人員來辦理。而胡傳則認爲：台灣的鹽務如要自擅其利，一方面台北要杜絕內地之私，改銷台灣本地所產之鹽，如此台灣沿海之窮民便可增加收入而改善生計；另一方面，則由內部控制著手，也就是「臺中如能照臺南發運鹽數以繳課銀，不准多收而報少，則額課歲可增五萬餘金以裕軍餉」。〔註108〕如此，才可說是有起色，而台南之鹽始可稱暢銷。

　　而當時的煤務和鹽務一樣，是個無法獲利的事業，且存在著許多弊端。劉璈分析導致此一現象之原因，認爲是：

> 蓋煤務之壞，壞於歷辦不得其人，浮費過多，成本過重，隨處虛耗，任意報銷耳……如官炭化總，總炭化粉，此情理中事也；今冊內官炭既耗，總炭不加；總炭既耗，粉炭不加；而粉炭且轉有失耗，究不知耗歸何處？……至其銀錢數目，挖煤工價，浮於所收之煤至三千四百餘石。車運之價，亦難實按。既有雜作之工，而雜作仍開報銷；既有包估之工，而匠工仍開月餉。掛名冒號，重臺叠閣，不可勝數。〔註109〕

由此可知台灣煤務之壞，癥結就在於內部控制不佳。所以，在文中可以看到許多資產的侵佔之情事的發生，例如在大炭化小炭的過程中私吞一些炭，或

〔註105〕胡傳：《臺灣日記與稟啓（一）》，頁92。

〔註106〕唐贊袞：《臺陽見聞錄（一）》，頁64～65。

〔註107〕同上註，頁65。

〔註108〕胡傳：《臺灣日記與稟啓（一）》，頁130。

〔註109〕劉璈：《巡臺退思錄（一）》，頁17。

者找人掛名浮報開銷。爲了改善這些缺失，於是便制定了八條章程，其內容是「煤斤失耗，宜覈實也；煤斤支發，宜限制也；煤層挖空，宜實報也；挖篩器具，宜包定也；局廠修造，宜報勘也；執事責成，宜改定也；欠還數目，宜月報也；招徠銷路，宜剔弊也」〔註110〕。大抵上就是對於大炭化小炭的折耗率有所限制，機器設備的支用與經費的申報有嚴格的規定，以及對於礦坑定期清查等措施。而這主要是在降低舞弊三要素之誘因及機會。

　　綜觀以上所述，可以發現當時政府的內部控制極差，所以文人與官員們在散文中不僅抨擊制度之壞，而且也提出加強內部控制之道。

〔註110〕同上註，頁 21～23。

第五章　民情風俗的評述

　　每一個社群皆有其民情風俗，因此從民情風俗中可以觀察、瞭解到一社群之文化。也因為每個社群的民情風俗不盡相同，所以人們往往對於不同的文化會加以記錄與論述。例如，清修台灣方志就對於風俗有特別詳細的記載。這不僅是因為台灣的風俗與中原有別，更是因為瞭解台民的風俗有助於台灣的治理。

　　風俗的面向很廣，就清修台灣方志中的風俗（土）門類來說，其類目範疇大抵不出漢俗、番俗、氣候、歲時、風信、潮汐、土（物）產等，而較特殊之類目則有女紅、工役、商賈、海船、漁具等。〔註1〕但是這些類目在現今學術分類中，未必全都是風俗的範疇，例如氣候、風信、潮汐等是屬於自然科學的範疇。〔註2〕而就民俗學而言，風俗是民俗（folklore）的一環〔註3〕，主要包括民間節日、民間信仰、迷信、儀式活動、民間戲劇……等〔註4〕。本文所言之風俗，是採民俗學之觀點。但是，因篇幅有限，無法每一類風俗皆探討，是以本章將著重在民間信仰、生命禮俗與歲時節令，以及生活習俗等三個面向的評述之探討。

〔註 1〕　洪健榮：〈清修臺灣方志「風俗」門類的理論基礎及論述取向〉，《中國歷史學會史學集刊》32 期（2000 年 7 月），頁 126～128。

〔註 2〕　洪健榮指出，氣候、風信、潮汐的變化攸關農業社會的生息、生產作業以及政事運作，因此納入以人文景觀為主體的風俗門內，來因應日常世用的參考。同上註，頁 132。

〔註 3〕　民俗約略可分為三類：口頭民俗、風俗民俗，以及物質民俗。王娟：《民俗學概論》（北京：北京大學出版社，2002），頁 32。

〔註 4〕　同上註，頁 32。

第一節　民間信仰的評述

　　宗教信仰是人類生活的一部分，不同族群的宗教信仰會有差異，即使是同一族群，不同時期的宗教信仰也可能會有所差異。直至今日，宗教信仰仍影響著人們的生活。

　　所謂宗教，Carol R. Ember 及 Melvin Ember 將之定義爲「任何一套關於超自然力量的態度、信念與習慣，無論該超自然力量是支配力、神、靈魂、鬼，或是惡魔」〔註5〕。而民間信仰則是指「所有超自然信仰以及與超自然信仰有關的思想、儀式、組織、活動、事物等」〔註6〕。民間信仰指涉的範圍比民間宗教廣。民間宗教是指一個社會中一般人的「神明」信仰，而民間信仰則包含神明以外的超自然信仰，如祖先、鬼魂等。〔註7〕由於本節所討論的相關評述，除了神明的信仰外，也有祖先的信仰，是以本節使用民間信仰一詞，而非民間宗教。以下將分別就信仰本質、神明與迎神賽會，以及超自然信仰之思想兩大類的評述，來做探討。

一、信仰本質、神明與迎神賽會的評述

　　就如同劉銘傳所言：「海外商民，頗重神廟，如關帝、天后、風神、龍神各廟，敬祀尤多」〔註8〕，由此可見台灣民間信仰之興盛，尤其是神明的信仰。以下，將分別就清治末期散文中關於信仰本質、神明以及迎神賽會等三方面之評述，來做討論。

（一）信仰本質

　　台灣民間信仰包含了神明、祖先、鬼魂……等的信仰。對於台灣這樣一個民間信仰的本質，文人們有何評述？丁紹儀評論台灣民間信仰說：

> 至神道設教，所以警懾凶頑，俾知戒懼，亦足輔聖教所不及。語以宜敬宜遠，不宜篤信，雖士大夫猶將腹誹，況乎愚夫愚婦？勢必水旱疾疫，胥藉口於鬼神爲屬。且禁絕其祈禳、崇奉、迎賽，彼虱其間以謀食者不知凡幾，一旦失其故業，又將何以處之？其視性命如

〔註5〕Carol R. Ember and Melvin Ember，*Cultural Anthropology*，p. 263.
〔註6〕林美容：〈臺灣民間信仰的分類〉，《漢學研究通訊》10 卷 1 期（1991 年 3 月），頁 13。
〔註7〕同上註，頁 13。
〔註8〕劉銘傳：《劉壯肅公奏議（二）》，頁 290。

鴻毛輕者，往往無業棍徒一、二人倡之，眾即從而效之和之，遂致
如水橫決，不復可制。使之明乎是非仁讓之理，咸有家室妻孥之繫
戀，而猶以強矯自負、不知省悔者，未之有也。〔註9〕

丁紹儀雖然肯定宗教可以輔助教化所不及之處，但是他也認爲不宜篤信。況
且這些民間信仰又會衍生一些社會問題，因此他認爲與其篤信，不如讓人民
知曉是非仁讓之理，以及有家室妻孥之牽繫。

　　相較於丁紹儀對於台灣民間信仰的評述，外國人對於台灣民間信仰又有
何評論？伊德（George Ede）藉由台灣人祭拜賭神之行爲，評論台灣民間信仰
說：「路的這一角落有個很大的漂石，上面放著一些紙牌與紙錢。大概是某個
信徒放在那裡做爲給賭神的祭品。中國人的迷信到處可見」〔註10〕。從文中
可看出伊德對於漢人祭拜賭神以祈求有好賭運，是不以爲然的。而馬偕則認
爲台灣的民間信仰和中國是同性質的，都有同樣的不良混雜與黑暗，以及同
樣的可怕。它原先只是一種以道德爲體制的儒家思想，敬天、敬祖先；後來
又加上以鬼神崇拜爲體制的道家思想，迷信神靈；最後再加入以偶像崇拜爲
體制的佛教思想。也因此，使得原本相對立的教條混在一起、各自的精華被
糟蹋，宗教生活變得不良，而且各自原本的宗教情操也被破壞。所以馬偕評
論說「這種宗教看起來像似甜美、光明，但卻是腐爛有害的」。〔註11〕

　　此外，馬偕也對拜祖先有所評論。他認爲拜祖先雖然有其優美之處，且
對婚姻的提升也有間接的助益，但是卻有更大的害處：

它造成社會及道德的束縛，貶低無數的活人去服事死人，並因它，
而造成一些家庭的不幸及審判的不公正。結婚後若沒能生個兒子以
便照顧祖墳和祭拜神主牌子，則是終生的不幸。……若有一個雙親
皆歿的獨生子……罪大惡極，但因爲他家裡沒有其他的兒子可以負
起祖先祭拜的事，判官因爲怕自己傷了陰德，而不敢以公正判他的
罪刑。祭拜祖先也阻礙了一切的改革和進步，因爲若對社會習俗或
宗教形式做了任何的改變，「將會擾亂人與鬼魂之間的常態，則必導
致死者不寧，生者不安。」〔註12〕

〔註 9〕　丁紹儀：《東瀛識略》，頁37。
〔註10〕　伊德（George Ede）：〈福爾摩沙北部之旅〉，收於費德廉、羅效德編譯：《看見
　　　　　十九世紀臺灣——十四位西方旅行者的福爾摩沙故事》，頁323。
〔註11〕　馬偕（George Leslie MacKay）著，林晚生譯：《福爾摩沙紀事：馬偕台灣回
　　　　　憶錄》，頁116～117。
〔註12〕　同上註，頁123。

馬偕認為拜祖先會對社會及道德形成束縛，並且有時也會阻礙改革和進步，因此其害處是大於利處的。以上馬偕對於台灣漢人民間信仰的相關評價，是負面的。

　　而對於台灣原住民的民間信仰，外國人又有何評論？以美國探險家史蒂瑞（Joseph Beal Steere）為例，他對於熟番做禮拜唱聖歌所用的曲調，很多是用他們自己的調子，評論說：「那些曾在敬拜偶像的舞蹈上用過的，現在則用於更高尚的目標上」。〔註13〕亦即史蒂瑞認為台灣原住民的偶像信仰，是不如耶穌基督信仰的；所以，同樣的曲調，若用在做禮拜所唱之聖歌上，則就是高尚的。而俄國海軍艾比斯（Paul Ibis）則觀察到陶社平埔族保存了古老動物的頭殼和鹿角，而且不知這些東西來自何處，只知道是祖先遺留的，所以他認為陶社的人們只是盲目地崇拜，並感嘆說傳教士還不能改變他們對這些聖物力量的信念。〔註14〕此外，馬偕對於南勢番的信仰則評論說：「他們所信的神靈都是充滿報復與殘酷，要不是因為害怕那些神靈可怕的力量，他們根本就不會去理會那些神靈」〔註15〕。第三章中有提及，旅行所涉及的情感面向所引發的反應之一，是對於當地文明或宗教信仰有於心戚戚焉的道德救贖感（redemption）。〔註16〕從這個觀點來看，則不難發現以上外國人有關台灣漢人及原住民民間信仰之論述，皆充斥著道德救贖感，認為信仰耶穌基督對他們才是好的。

　　另外，台灣開港後有許多西洋傳教士來台宣教，對於這些耶穌基督的信仰，清人有何評論？唐贊袞說：

> 該社向住番丁，離傀儡山僅止二里，自同治元年間，即有洋人到彼，用銀勾騙社番，認為同宗，築蓋茅屋居住。……該社蓋有磚屋三間……兩邊草屋二十餘間；又搭蓋樓屋一座。內有漢人，假充洋人，設堂傳教。所有萬巾、赤山、加犳朗三庄社番，約男婦二百餘人聽其所惑。每日在堂念經，名為禮拜。〔註17〕

〔註13〕史蒂瑞（Joseph Beal Steere）：〈來自福爾摩沙的信件〉，收於費德廉、羅效德編譯：《看見十九世紀臺灣——十四位西方旅行者的福爾摩沙故事》，頁86～87。

〔註14〕艾比斯（Paul Ibis）：〈福爾摩沙：民族學遊誌〉，收於費德廉、羅效德編譯：《看見十九世紀臺灣——十四位西方旅行者的福爾摩沙故事》，頁192。

〔註15〕馬偕（George Leslie MacKay）著，林晚生譯：《福爾摩沙紀事：馬偕台灣回憶錄》，頁238。

〔註16〕廖炳惠：〈旅行、記憶與認同〉，頁89。

〔註17〕唐贊袞：《臺陽見聞錄（一）》，頁50～51。

相較於外國人對台灣民間信仰大多抱持負面的評價，唐贊袞對於外國人的耶穌基督信仰之評價，也是負面的。他認為番民接受耶穌基督信仰，只是因為受洋人之金錢所惑而已。

（二）神明

宗教信仰有時會和政治結合在一起。就宗教信仰而言，若能與政治結合，則無異是得到土政者之承認，而有利於傳播；就政治而言，若能結合宗教的力量，則有助於國家之治理。例如，羅大春《臺灣海防並開山日記》中記載：

> 據臺灣進士楊士芳等之請，為前明延平郡〔王〕鄭成功請諡建祠。
> 康熙三十九年，聖祖仁皇帝有詔：朱成功係明室遺臣，非朕之亂臣
> 賊子；飭遣官護送成功及子經兩柩歸葬南安，置守塚、建祠祀之。
> 然未蒙賜諡，臺郡亦未有專祠；故星使援瞿式耜、張同敞追諡「忠
> 宣」、「忠烈」之例，以成功所處尤為其難。得旨報可；聖朝襃忠之
> 典，可謂卓越前古矣。〔註18〕

清治初期，清人對鄭成功的評價是較負面的，像是「偽鄭」、「逆鄭」等。後來，沈葆楨上奏建請為鄭成功賜諡建祠。這樣的用意，就類似關公被納入國家的祀典一樣，無非是要宣揚鄭成功之「忠」。由於「忠」的強調有助於人民對朝廷的向心力，所以沈葆楨此舉亦是要鞏固國家的政權。

除了鄭成功之外，沈葆楨也上奏建請為嘉義城隍敕加封號，其理由是：

> 嘉義縣舊祀城隍尊神，禱雨祈晴，久昭靈應：其最著者同治元年彰
> 化戴逆倡亂，圍撲嘉城，紳士等恭請神位於城樓，虔誠籲禱，五月
> 十一夜，地忽大震，雉堞傾頹而城垣無恙，兵民得以保全，咸稱神
> 佑；九月間，戴逆復撲嘉城，眾心驚慌，告廟敬占休咎，蒙神默示
> 平安，人心遂定，兵民竭力誓守，復保危城……臣等伏查廟祀正神，
> 實能禦災捍患，有功於民，例得請加封號；今嘉義縣城隍神保護城
> 池，迭著靈應，洵為功在生民，允宜上邀襃寵。〔註19〕

從文中可知，由於嘉義城隍對風調雨順、國泰民安有功，尤其是對戴潮春之亂的平定有功，所以沈葆楨建請為嘉義城隍敕加封號。從這裡也可看出清廷對於社會安定有幫助者的褒揚，藉此以激勵人民對社會安定之維持。此外，

〔註18〕 羅大春：《臺灣海防並開山日記》，頁39。
〔註19〕 沈葆楨：《福建臺灣奏摺》，頁19。

沈葆楨亦有上奏建請蘇澳海神及安平海神廟祀、敕加封號。〔註20〕

以上不論是鄭成功、嘉義城隍、蘇澳及安平海神之建請廟祀、敕加封號，皆顯示出「統治者利用祭祀與宗教的儀式，以政教合一的方式影響民眾價值觀的形成」〔註21〕，而這也反映在清國文人與官員如何看待台灣民間信仰之神明。以蔣師轍為例，他評論台灣民間信仰之神明說：

> 曰吳眞人者，以神醫祀也……臺多漳、泉人，故祀事獨盛……曰聖公者，以熟識港道祀也。曰三山國王（未詳何神）、曰聖王（云祀開山聖王）者，以追思功德祀也。是雖私祠，皆應祀義。張岳（唐中丞巡，宋忠武王飛）忠烈，人心同好，俎豆馨香，亦非淫祀之比。
>
> 他則禳沴祈福，閩人好鬼，多涉不經矣。〔註22〕

從文中可得知蔣師轍認為台灣所祀之神明，除了保生大帝、聖公、三山國王、開山聖王，以及張巡、岳飛外，皆為多涉不經。且他認為那些非淫祀之神明，不是與民眾生活有關（神醫、熟識港道），就是因忠義而被祀。

而池志澂對於台灣民間信仰之神明也有所評論。有一天他走在路上，遇到民眾在迎大王神，鑼鼓喧天。他問民眾大王神是誰，得到的回答是「大王池姓，閩赤岸人也；此間最著靈異」。於是他便入廟參拜，並評論說：「嗟呼！凡生有功德於民，沒則祭以報功，義固然也。以我王事實雖不可考，二百年來，里社不沒其馨香，其必當時有實德感人者深矣」。〔註23〕從池志澂的評論中，可以看出他對大王神信仰之肯定。這是因為大王神生前有功於民，而死後其功德亦能感化人民。

以上蔣師轍與池志澂之論述，皆呼應了當時政教合一以影響民眾價值觀的文化策略。

（三）迎神賽會

台灣民間信仰有社交性，也就是吃拜拜與湊熱鬧。其中「鬥鬧熱」是普遍的習俗，而愛熱鬧是民俗活動的一種基本心理。〔註24〕也因此，台灣的迎

〔註20〕 沈葆楨：「今蘇澳海神靈感潛孚，鴻流順軌，俾帆檣穩便、士卒飽騰，功德昭彰，宜邀褒寵」、「今安平海神胖蠁潛孚，帆檣穩便；足見國家威靈所及，海若效靈。而神之盛德豐功，亦宜邀褒寵」。同上註，頁36、72。

〔註21〕 林淑慧：《台灣清治時期散文的文化軌跡》，頁252。

〔註22〕 蔣師轍：《臺游日記》，頁80。

〔註23〕 池志澂：《全臺遊記》，頁10～11。

〔註24〕 林美容：〈台灣民俗宗教文化的社會圖像〉，收入《何謂台灣？——近代台灣

神賽會活動總是相當熱鬧。但是，這些熱鬧的迎神賽會活動，在文人及官員的筆下，是呈現何種樣貌？丁紹儀在《東瀛識略》中，記載了送王船的習俗。他說：

> 出海者，義取逐疫，古所謂儺。鳩貲造木舟，以五彩紙爲瘟王像三
> 座，延道士禮醮二日夜或三日夜，醮盡日，盛設牲醴演戲，名曰請
> 王；既畢，舁瘟王舟中，凡百食物、器用、財寶，無不備，鼓吹儀
> 仗，送船入水，順流以去則喜。或泊於岸，則其鄉多厲，必更禳之。
> 每醮費數百金。〔註25〕

丁紹儀寫道造木舟、設牲醴、演戲〔註26〕或瘟王舟中之物等花費數百金，雖然無明顯地寫出評論，但是從他特別記載花費情形，足以得知他的反應是驚訝，甚至可能是覺得鋪張浪費。而沈葆楨說：「臺俗信鬼，演劇迎神，殆無虛日」〔註27〕，也是同樣的反應。

此外，唐贊袞也有對台灣迎神賽會活動的相關評述。他說：

> 臺南郡城好尙鬼神。遇有神佛誕期，斂費浪用。當賽會之時，往往
> 招攜妓女，裝扮雜劇，鬪豔爭妍，迎春大典也。而府縣各書差亦或
> 招妓裝劇，騎而前驅，殊屬不成事體。……種種冶容誨淫，敗壞風
> 俗。余蒞府任後，即出示嚴禁。如有妓女膽敢裝扮游街者，或經訪
> 聞，或各段籤首指名稟送，立准將該妓女拏辦；其妓館查封，招妓
> 之家並分別提究，此風漸息。〔註28〕

文中首句便點出台灣人好尙鬼神的風氣，而從文中也可看出迎神賽會之盛大。李豐楙曾提出「非常觀狂文化」的理論，來解釋此一現象：子貢觀蜡祭發現「一國之人皆若狂」而不知其所樂，孔子便說這是「一張一弛，文武之道」的道理。透過子貢與孔子的對話，李豐楙發現此一儒家文化主宰下的社會，所存在著的「狂文化」的休閒哲學。〔註29〕因此，在此「非常」的情境

美術與文化認同論文集》（台北：行政院文建會，1997），頁63。

〔註25〕丁紹儀：《東瀛識略》，頁35。

〔註26〕李豐楙提到，就休閒社會學來看，此一演戲活動提供人們在日常的工作時間之外，藉由酬神或祈願之名而得以觀戲。若從宗教儀式學的觀點而言，則表示這些演出皆有儀式性。李豐楙：〈儀式、演劇與祭祀〉，《傳統藝術》44期（2004年7月），頁9～10。

〔註27〕沈葆楨：《福建臺灣奏摺》，頁82。

〔註28〕唐贊袞：《臺陽見聞錄（二）》，頁145。

〔註29〕李豐楙：〈臺灣慶成醮與民間廟會文化──一個非常觀狂文化的休閒論〉，收

中，人們願意花費鉅資在迎神賽會上。但在唐贊袞看來，只是「斂費浪用」而已。另外，文中也有提及戲劇的演出。邱坤良指出，清治時期雖然律令對於迎神賽會有明禁，但台灣孤懸海外，法律約束力不彰，故迎神賽會活動始終興盛，而戲劇也隨之而盛。〔註30〕台灣人於賽會時會找妓女來演戲，就連府縣書差也是如此，對此唐贊袞深不以為然，而批評為「冶容誨淫，敗壞風俗」，所以積極地加以嚴禁。

而蔣師轍也說：「蒙謂婦女廉恥，亦其固有之良，淪喪以漸，實緣濡染。維持之術，在……禁游觀（如入廟焚香，赭衣隨會，尤俗之極敝者）」〔註31〕。蔣師轍認為要維持婦女廉恥的方法之一，是要禁遊觀，因為會有婦女赭衣隨會。穿著赭衣就如同掛紙枷（又稱「夯枷」）般，是信徒將自己打扮成罪犯狀，藉以消災除罪。〔註32〕而增田福太郎也指出，此一舉止是「在公開場合中作出欽服神明權威的模樣，以報神明」〔註33〕。從蔣師轍或丁紹儀、唐贊袞的論述中皆可發現，台灣民間信仰的種種活動與景象，即使是人民在「非常」情境下的鬆弛、娛樂，但在身為文人（官員）／文化菁英者的眼中，卻是非常負面、淫穢、鋪張浪費的。

而在外國人的筆下，台灣的迎神賽會活動呈現何種樣貌？陶德（John Dodd）對於迎神賽會活動有不少的論述。他說每年七、八月台灣常會流行霍亂、瘧疾等疾病，所以這時候就會舉行神明的遶境遊行以驅除盤據的病魔。他敘述並評論活動的情形說：「神像遊街繞行幾乎每天舉行，鞭炮、銅鑼日以繼夜響個不停。更夫增加兩倍，他們用竹枝互擊作響，藉以嚇走惡魔。一般人很難在這種情況下入睡」〔註34〕。神像遶境遊行，在當代社會中也常被人

入《寺廟與民間文化研討會論文集（上冊）》（台北：文建會，1995），頁 57～62。

〔註30〕 邱坤良：《舊劇與新劇：日治時期臺灣戲劇之研究，一八九五——一九四五》（台北：自立晚報，1992），頁 93。

〔註31〕 蔣師轍：《臺游日記》，頁 124～125。

〔註32〕 林榮澤：〈「城隍」在漢人社會中的角色及其功能——以日據時期臺北大稻埕的霞海城隍祭為例〉，《中國歷史學會史學集刊》32 期（2000 年 7 月），頁 263～264。

〔註33〕 增田福太郎著，黃有興譯：《東亞法秩序序說》，收入《臺灣宗教論集》（南投：省文獻會，2001），頁 110。

〔註34〕 陶德（John Dodd）著，陳政三譯述：《北台封鎖記——茶商陶德筆下的清法戰爭》，頁 23～25。此外，陶德亦有另一段關於神明遶境以驅除病魔的記述，請參見頁 150。

批評鞭炮、鑼鼓製造噪音、隊伍阻礙交通，會有這樣的批評，或許是出於現代社會的人們工作繁忙。然而，清治末期時的陶德也同樣認為神像遶境遊行產生許多噪音，而批評說這種情況下很難入睡。但他會有此批評，或許是出於信仰不同而不習慣這樣的活動。從這裡便可看出陶德對此活動是抱持負面的觀感。此外，慶祝神誕也會舉行迎神賽會活動，而陶德對於大稻埕霞海城隍祭典有不小篇幅的論述。他說：

> 即或如此炎熱，大稻埕的宗教慶典……仍如火如荼地舉行，盛況空前，堪稱冠絕北台震耳的鑼鼓、鈸鐃聲中，一群人抬著上有木刻神像的神輿，邊走邊抖動的迎面而來。木刻神像或魔鬼高約一英呎到兩英呎……被安置在椅上，由信徒以不斷晃動的方式巡行街頭。這些神像臉部被漆成黑色，有的髒得須要用肥皂清洗一番，被搖晃得讓人誤以為神轎中的神正發威。〔註35〕

文中陶德說神轎被搖晃得讓人誤以為神正在發威，反映出他認為此神明的靈驗是假的、人為製造出來的。而他說神像的臉部是黑色的，有的髒得要用肥皂清洗一番，也顯現出他的白人優越感。

此外，陶德對於整個霞海城隍祭典，評論說：

> 奇怪的是，如此聰明、現實的華人，居然看不出這一切都是人造的神蹟騙局。當然人們會說這是古老習俗，傳自祖先，不可輕棄或不信。……大稻埕每年舉行一次別地所無的霞海城隍祭，除了迎神巡境、過火，另有多棚野台戲熱鬧登場。一般人都在看熱鬧，卻無法道出過火的意義，這種宗教性考驗可能傳自印度或非洲祖魯，那裏也有類似的過火儀式。〔註36〕

陶德再次重申這是人造的神蹟騙局，並且說人們只是依照習俗而舉行慶典，而不知道相關儀式的意義。這樣的現象，其實是台灣民間信仰的習俗性，也就是傳統與慣習。〔註37〕其實不論是在台灣或國外，究竟有多少人能完整說出自己所過的每個節慶及儀式的意義呢？但是，在陶德眼中，這樣的現象所反映的，只不過是人們的盲目信仰而已。另外，馬偕評論艋舺的迎神遶境說：「我從來沒有見過這麼一群心不在焉的隊伍，要不是他們有抬著一、二座神

〔註35〕同上註，頁 143～144。
〔註36〕同上註，頁 145～147。
〔註37〕林美容：〈台灣民俗宗教文化的社會圖像〉，頁 59～60。

明，否則整個隊伍看起來就像在逛街一樣」〔註38〕，同樣也是認爲人們只是
盲目地信仰。

二、超自然信仰之思想的評述

　　與超自然信仰有關之思想很廣泛，諸如禁忌、因果報應、風水……等思
想，皆爲其範疇。以下約略分爲迷信與禁忌、因果輪迴與風水，以及醫學觀
等三方面的評述來討論。

（一）迷信與禁忌

　　迷信與禁忌是文化的一部分，不同的社群有不同的迷信與禁忌思想。直
至今日，許多迷信與禁忌的思想仍存在於人們的觀念與行爲中。而所謂迷信，
以民俗學的觀點而言，是指「對在某種條件、徵兆、原因下所產生的一系列
的結果或後果的傳統表示法」（條件、徵兆、原因與結果之間，沒有必然的聯
繫），例如「烏鴉當頭過，無災必有禍」即爲一迷信。〔註39〕

　　對於迷信，唐贊袞有所評述。他在《臺陽見聞錄・地震》一則中，寫到
台灣因爲地理位置的緣故，所以多地震。那麼，人們對於地震此一自然現象，
有何看法？而唐贊袞對於人們的看法又有何評論？唐贊袞說：

> 當時有言者云：據府志地震主奸民爲亂。余戒之曰：臺地常動，非
> 關治亂，爲有司者，惟當因災而懼，修省政事耳；若必以爲亂徵，
> 非也。臺人好爲浮言以亂人心，今久平靖，而爲此言倡之可乎？既
> 戒言者，退檢府志：自康熙二十二年至嘉慶九年，凡書地震者九。
> 惟康熙五十九年地震，六十年有朱一貴之亂。雍正八年地震，九年
> 有彰化大甲社番爲亂；餘七次，皆無事。足見非亂徵矣。〔註40〕

從文中便可看出當時人們將人力無法掌握的地震此一自然現象，視爲是奸民
爲亂的徵兆。現代社會相較於清治末期，科學已發達許多。因此，現代人看
到此文，也大多會斥爲無稽之談。但在科學較不發達的清治末期，唐贊袞對
於此一傳言，是以客觀理性的角度來駁斥。他藉由分析府志中記載的地震，
發現在九次之中只有二次有發生民變動亂，其餘七次皆沒發生。因此，唐贊

〔註38〕馬偕（George Leslie MacKay）著，林晚生譯：《福爾摩沙紀事：馬偕台灣回
　　　　憶錄》，頁158。
〔註39〕王娟：《民俗學概論》，頁153。
〔註40〕唐贊袞：《臺陽見聞錄（二）》，頁152。

衷認為地震的發生並非動亂的徵兆，故加以駁斥。

另外，丁紹儀也記述說淡水廳有能持符咒殺人者，但是他說未見過此情形。〔註41〕然而，他也記載：

> 娼家遇客至，利其貲，不利其去，潛以妓口嚼餘檳榔汁濡客辮尾，客
> 即留連不忍他適；或數日間闊，妓向所奉土神前焚香紙，默誦數語，
> 客輒心動趨往。言者鑿鑿，當非臆造，是魘制餘習猶未絕也。〔註42〕

以當代社會來看，人們對此種說法大多會不相信或半信半疑；但是，丁紹儀對於娼家以巫術留客、攬客之說，認為「當非臆造」。這樣的評論，或許是因為娼妓較為下等，所以他認為這群人與不理性的巫術有所關聯，也是合理的。

而對於台灣原住民的迷信與禁忌，外國人又有何看法？史蒂瑞（Joseph Beal Steere）記錄並評論了他在一個生番村莊的旅行經過：

> 我進入一個濃密的小竹林……但回到村莊時，我才發現自己必定做
> 了什麼可怕的事，……我不能接近任何一個人，直到 Atun（案：史
> 蒂瑞之嚮導）拿來一葫蘆的水，灑在我的臉上、手上和胸上，這就
> 把我所受的邪靈……淨除了。至於問題……就我們所能理解的是，
> 那是一個埋葬場，他們都懼怕神靈而不敢進入。從這件事……我們
> 推斷出，這些「野蠻人」生活在高度迷信與禁忌的壓力下。〔註43〕

從文中可看出史蒂瑞對於這些生番的迷信與禁忌，是不以為然的，而且也隱然流露出他對於這些生番的道德救贖感（redemption）。

此外，馬偕則是有一次要去爬次高山（雪山）時，體驗了生番的迷信與禁忌。他評論該生番的迷信與禁忌說：

> 對於小鳥的叫聲和動靜他們最為迷信，要出征，特別是去打獵，更
> 是在去獵人頭時，他們就會出去丟棍子到樹上以驚擾鳥兒。如果鳥
> 兒的叫聲是某種聲音，而又飛向某方向，則酋長無論如何決不肯召
> 集大家出征。不止一次，因為他們對於小長尾縫葉鶯（tailor-bird）
> 的信從，而造成我們旅途的困擾與不便。〔註44〕

〔註41〕丁紹儀：《東瀛識略》，頁 36。

〔註42〕同上註，頁 36。

〔註43〕史蒂瑞（Joseph Beal Steere）：〈來自福爾摩沙的信件〉，收於費德廉、羅效德編譯：《看見十九世紀臺灣——十四位西方旅行者的福爾摩沙故事》，頁 90～91。

〔註44〕馬偕（George Leslie MacKay）著，林晚生譯：《福爾摩沙紀事：馬偕台灣回

禁忌在當代社會中仍有許多被遵守，即使不知道違反禁忌之後果是否為真，但多數人仍抱持著寧可信其有的態度去遵守。然而，馬偕對於該群生番對小鳥的叫聲與動靜之信從，是抱持負面的態度，因為他被迫遵守這樣的禁忌，而妨礙了他的旅程。

（二）因果輪迴與風水

台灣民間信仰之中，存在著因果輪迴與風水的觀念。對於這些觀念，文人們有何評述？李春生對於輪迴的觀念評論說：

> 果爾輪迴之說屬真者，按物命死生，當有一定之理。若然，則張三之死，將轉為李四，李四之死，將轉為張三。若謂人死而轉輪迴，投胎以為畜則勢必有一畜死，轉輪迴投胎以代人，彼死此生，此生彼死，……無非一死一生，方合輪迴之道。其如是，則凡人類物命，互古於茲，自當無稍增減，方符輪迴之道。何前此之物類，如是其少，乃今日之蒼生也，更有若是其多，於此豈不足以證輪迴之道謬哉？〔註45〕

李春生理性地分析輪迴之說，認為輪迴之說若屬實，那麼從古至今，世上之蒼生數量應不變，但事實卻非如此。李春生會有此論述，是和他的背景有關。由於李春生有接觸西方的文明，而且也是虔誠的基督徒，所以他會作這樣的論述是可以料想的到的。

而唐贊袞對於因果報應的觀念，也有所評述。相較於前述〈地震〉一則中，唐贊袞駁斥地震主奸民為亂的說法，唐贊袞在〈產蛇〉一則中，則對因果報應觀有不同的態度。他寫道：

> 光緒十五年，艋舺街某甲宰豬為業，某氏懷孕十月，屆期忽產小蛇數十頭，長不及尺，蜿蜒而動。見者莫不驚訝；遂以桶盛之，棄諸溝壑，蛇始蠕蠕然竄入水中而沒。一時道路相傳，謂甲殺生過多，有此果報。〔註46〕

人不可能產蛇，但唐贊袞並未如在〈地震〉一則中般，對此傳言加以批判、駁斥。何以他對於這二則傳言，有不同的態度？筆者認為，這與他的身分有關。

憶錄》，頁251。

〔註45〕李春生：《主津新集》，收於李明輝、黃俊傑、黎漢基編：《李春生著作集（第二冊）》，頁99～100。

〔註46〕唐贊袞：《臺陽見聞錄（二）》，頁180～181。

由於唐贊袞身為官員，因此對於有礙人民治理的傳言自然會加以駁斥。台灣多地震，若再加上「地震主奸民為亂」的迷信觀念，那麼，每當發生地震時，就可能會造成人心浮動，認為推翻清廷政權的時機到了。如此一來，動亂會更加頻仍，治理人民則更加不易。故唐贊袞批評這是「好為浮言以亂人心」，且理性地加以分析、反駁。相對地，〈產蛇〉中所傳達的因果報應觀，不但對於治理人民無阻礙，反而是有助益的。因為若人民深信「善有善報，惡有惡報」之果報觀的話，就會避免行惡，如此一來對於治理人民就有幫助。是以唐贊袞對於〈地震〉中的迷信與〈產蛇〉中的因果報應觀，有不同的態度。

　　相較於清人對於因果輪迴的評述，外國人對於台灣人的因果輪迴與風水觀又有何評述？馬偕對於漢人的風水觀評論說：

> 為甚麼要建尖頂……它是為了裝飾，同時有其用途目的，特別是
> 為了打破中國人對風水的迷信。一般人認為風水和無數事情的好
> 壞運都有關係，所以，像是認為地上和空中都有其平衡或一種難
> 以解說的東西，不可隨意破壞。新教堂的牆只要建得高出鄰近的
> 房子幾呎高，就必將引起鄰居們的憤怒和惶恐，因為這樣是破壞
> 了風水。〔註47〕

由於在清法戰爭期間，有一些教堂毀損，所以在清法戰爭結束後，馬偕便重建了一些教堂，並在教堂上增加尖頂。從文中可以看出馬偕認為風水觀只是迷信，所以他特別以建築形式來打破、反駁此風水觀。

（三）醫學觀

　　每個社群皆有其醫學觀。在西方的科學醫學之外，大抵有兩種醫學觀存在：一是自然醫學（如中醫），一是初民社會的宗教醫學。〔註48〕而對於台灣人的醫學觀文人們有何評述？丁紹儀在評論台灣人尚鬼風氣時說：「南人尚鬼，臺灣尤甚。病不信醫，而信巫。有非僧非道專事祈禳者曰客師，携一撮米往占曰米卦；書符行法而禱於神，鼓角喧天，竟夜而罷。病即不愈，信之彌篤」〔註49〕。丁紹儀文中所指之「醫」，是指自然醫學。而文中所述尋求宗教醫學幫助之情形，

〔註47〕馬偕（George Leslie MacKay）著，林晚生譯：《福爾摩沙紀事：馬偕台灣回憶錄》，頁190。
〔註48〕張珣：《疾病與文化：台灣民間醫療人類學研究論集》（台北：稻香，2004），頁18。
〔註49〕丁紹儀：《東瀛識略》，頁35。

即使在醫學發達的今日，也仍存在。那麼，何以人們會去求助於宗教醫學？對初民來說，當疾病在自己無法控制的情形下，才會求助於超自然的宗教醫學。宗教醫學提供人們一個出口，以及超越病痛的解釋。〔註50〕但是即使有此心理層面的因素，這樣的現象對丁紹儀來說，仍是負面的。

　　而對於漢人的疾病觀念，馬偕也有所評論。馬偕記載漢人對於瘧疾的病因，認爲是因爲病人踩到道士或法師放在路旁的紙錢；或是因爲自然界冷、熱之間的衝突；或是因爲有兩個鬼，一個是陰體並向病人扇風而使病人發寒，另一個是陽體並吹著火爐產生熱，而使病人發燒。爲了不使這兩個鬼生氣，所以人們絕不使用「寒、暑」之名稱，而是稱做「魔鬼病」（devils' fever）或是「乞丐病」（beggar's fever）。而治療之法是道士用符咒繫在病人的衣服或髮辮上，或用道教始祖老子的印章蓋在病人的背部，或是吹號角、用鞭子把鬼趕走；佛僧則用香灰之茶水給病人喝，或是在發粿上寫字拿給病人吃，或者讓病人躺在神桌下以避免受到病魔的攻擊；而法師則口唸咒語驅趕魔鬼，或是請魔鬼進入替身稻草人裡並獻紙錢、豬肉、鴨、蛋、米及青菜給魔鬼，或者將七根黑狗毛繫在病人的手上。〔註51〕

　　此外，馬偕也提到，若一個人受風吹雨淋後，皮膚龜裂，那麼以漢人的觀點會認爲是此人手指月亮，冒犯月娘而受懲罰。所以治療之法是要向月娘跪拜，請求原諒。對於以上漢人之疾病觀念，馬偕評論說：

> 雖然，這麼精明的人卻這麼容易被無知的庸醫和巫術所欺騙，像是不可思議的事，但這眞的很奇怪嗎？想想看最文明的那些歐洲國家在上一個世紀是甚麼樣子？一些西方的國家和人民，他們今日又是如何？還不是四處都有一些情願受騙的人們？〔註52〕

馬偕雖然貶低漢人這些迷信的疾病觀念及治療方法，但是卻沒有因此而連帶貶低漢人，因爲他認爲即使是現今文明社會的人，也曾有過這樣的經歷。

第二節　生命禮俗與歲時節令的評述

　　各民族皆有其生命禮俗與歲時節令，而生命禮俗與歲時節令也反映了一民

〔註50〕張珣：《疾病與文化：台灣民間醫療人類學研究論集》，頁22～23。

〔註51〕馬偕（George Leslie MacKay）著，林晚生譯：《福爾摩沙紀事：馬偕台灣回憶錄》，頁300～301。

〔註52〕同上註，頁299～300。

族的文化內涵。直至今日，傳統的生命禮俗與歲時節令仍影響著人們的生活。本節將分別就清治末期散文中的生命禮俗評述與歲時節令評述，來作討論。

一、生命禮俗

所謂生命禮俗，又稱人生禮儀或通過禮儀（rites of passage），是指「圍繞著人的生命歷程中的關鍵時刻或時段而形成的一些特定的儀式活動」〔註53〕。而生命禮俗的作用，是為了區隔前一個生命階段的結束，並迎接下一個階段的來臨。〔註54〕生命禮俗的範疇，若依照生命階段的先後順序，則主要有生育習俗、成年禮、婚禮、喪禮等。而清治末期散文中的生命禮俗評述，主要是婚禮與喪禮的評述，其他生命禮俗的評述不是沒有（例如史蒂瑞有書寫到水番的成年禮〔註55〕），只是極為少數。因此，以下將分別只就婚禮與喪禮的評述，作一探討。

（一）婚禮

嫁娶是人生的終身大事。在台灣，漢人的婚俗與原住民有別。但在散文中，對於原住民婚俗的評述，卻是遠多於漢人婚禮的評述。這或許是因為原住民的婚俗對作者們來說是較奇風異俗的。首先就漢人婚禮來說，蔣師轍認為婚姻之禮是很重要的。他說：「蒙謂婦女廉恥，亦其固有之良，淪喪以漸……維持之術，在……重婚姻之禮（俗每買幼女長而贅婿，謂之招硬，此風最惡。人倫之始，既已不正，蕩檢踰閑，安能禁之於後？）」〔註56〕。儒家很重視人倫關係，而夫婦是一切人倫關係的起源，因此蔣師轍對於台灣童養媳之俗此一不正的人倫之始，是抱持非常負面的看法，所以他才極力提倡要重婚姻之禮以維持婦女固有之良。

而隨著台灣開港許多傳教士來台宣教，基督教式的婚禮也傳到台灣來。馬

〔註53〕 王娟：《民俗學概論》，頁 180。
〔註54〕 李豐楙、謝宗榮：〈臺灣信仰習俗概說〉，《國立歷史博物館館刊》67 期（1999 年 2 月），頁 29。
〔註55〕 史蒂瑞：「他們有一個很奇怪的習俗，那就是把上排中間兩個牙齒旁邊的牙各敲掉一個。讓中間那兩個單獨直立著，像個松鼠一樣。這似乎只有對男孩快達成人時期時，才如此做」。史蒂瑞（Joseph Beal Steere）：〈來自福爾摩沙的信件〉，收於費德廉、羅效德編譯：《看見十九世紀臺灣——十四位西方旅行者的福爾摩沙故事》，頁 82。
〔註56〕 蔣師轍：《臺游日記》，頁 124～125。

偕提到第一次舉行基督教的婚禮是在五股坑，流程是雙方先互換信物，再依基督教的婚姻儀式和勸勉進行。而漢人對於基督教婚禮的反應，馬偕記錄說：

> 對於宣教師要到當地主持婚禮的消息，很快就傳遍了當地。而且全村的人都變得很興奮、警覺或憤怒。最荒謬的謠言包括有：「新娘將先做宣教師的妻子一個禮拜。」或「宣教師會先和她接吻。」或「她的雙眼會先被挖出，再把別的東西放進去。」或「付給宣教師的錢將毀了婚姻。」〔註57〕

若以當代人們的觀點來看待這些村民的謠言，大多會覺得很好笑。這是因為人們已見過多次基督教婚禮，早已習以為常。這樣的反應，也如同馬偕一樣。由於馬偕早已對基督教婚禮習以為常，所以這些言論對馬偕來說，只是「荒謬的謠言」而已。但是由於當地之前未曾有過基督教婚禮的舉行，在這樣的情形下，人們自然會有許多的猜測與想像，以致於有現今看來很可笑的謠言流傳。而馬偕為了謹慎起見，在典禮結束後便到附近的教堂去，以避免眾人對此婚禮的各種猜忌。果然，這樣就順利地化解眾人的疑慮。〔註58〕

而原住民的婚禮，在清治末期的散文中，又是呈現怎樣的樣貌？羅大春記錄了原住民男子要「得一頭顱，方能得婦」〔註59〕。而丁紹儀則記錄原住民婚前婚後的情形說：「舉家同室而處；男娶婦、女贅婿，始另居。彰化番則異是，男女未婚嫁者另築小屋曰『籠仔』、或曰『貓鄰』，女居之；男所居曰『公廨』」〔註60〕。對於原住民這樣的婚俗，蔣師轍評論說：「即以舊俗言……子女未婚姻，皆別居，則秩秩有廉恥也。……因固有之良而導之以禮教，業處安善，何渠不若閩粵民？」〔註61〕。由此可看出蔣師轍認為未婚別居是良好的，並可由此教導他們禮教，如此他們也能如同閩、粵人民一樣。

雖然蔣師轍認為原住民婚前別居是固有之良，但是他對於整個原住民的婚俗評論說：「無婚姻之禮，意合相偶（男女梳妝結髮，遍社游越，互以觜琴挑之，意合則成夫婦。……然亦有自幼訂婚者。聘用螺錢海蛤珠粒之類）。

〔註57〕馬偕（George Leslie MacKay）著，林晚生譯：《福爾摩沙紀事：馬偕台灣回憶錄》，頁114。
〔註58〕同上註，頁115。
〔註59〕羅大春：《臺灣海防並開山日記》，頁21。
〔註60〕丁紹儀：《東瀛識略》，頁75。
〔註61〕蔣師轍：《臺游日記》，頁61～62。

夫死輒他適。反目失歡，亦輕離異」〔註62〕。蔣師轍此一評論，顯然是以漢人的角度來看待原住民之婚俗。漢人傳統婚禮之儀節，主要有六項：納采、問名、納吉、納徵（納幣）、請期、親迎，也就是所謂的「六禮」。〔註63〕蔣師轍認為，就是因為原住民無婚姻之禮，所以才造成他們輕易結婚、輕易離婚之弊端。丁紹儀也是特別強調原住民無婚姻之禮，所以他記載：「番俗皆先通後娶，不納聘，無媒妁。男女及歲，意相悅，遂野合焉；然後各告其親，因訂為婚」〔註64〕。

而唐贊袞不僅書寫原住民無婚姻之禮，也記載其男出贅、女招夫之情形。他記載說若熟番男女意合，則女生會招男子同居，一個月後各自告訴父母，並以紗帕、青紅布為聘。而女方父母則準備牲醪，會親友以贅。婚後女赴男家灑掃屋舍三日，此後男歸女家。若夫妻反目則離婚，且不論有無小孩，均平分財產。〔註65〕後來，熟番受漢人之影響，也開始有了婚姻之禮。唐贊袞說：

> 邇日番社亦知議婚，令媒通好，以布帛酒果或生牛二，先行定聘禮；
> 亦有學漢人娶女，不以男出贅者。至漢人牽番女，儀節較繁；近奉
> 嚴禁，其風稍息。生番婚嫁與熟番初歸化時相類。〔註66〕

對於熟番也學了漢人的婚姻之禮，唐贊袞並未加以抨擊，由此可看出唐贊袞可能認為這是好的現象。

此外，外國人對於原住民的婚禮，又有何評論？英國的泰勒（George Taylor）評論排灣人的婚俗說：

> 排灣人的婚禮習俗有些特別，但同時也是滿有道理的。年輕男子求
> 偶時，待其選上的女子願意後，就會去提一桶水和一捆柴，放在對
> 方的家門前。年輕女子的父母若同意，就會把柴和水收進去。反之，
> 則讓其留在門外。父母同意後，就會大宴慶祝，此村子的酋長即宣
> 布這對男女成為夫妻。但父母若不同意，男子就得設法送禮來討好。
> 還是沒用的話，他剩下唯一的辦法就是說服女子與其私奔了；父母

〔註62〕同上註，頁61。
〔註63〕黃俊郎：《禮儀之邦的寶典──禮記》（台北：黎明文化，1993），頁121～123。
　　　　而佐倉孫三所記載之六禮，則為「問名、訂盟、納采、納幣、請期、親迎」。
　　　　佐倉孫三著，林美容編：《白話圖說臺風雜記》，頁75。
〔註64〕丁紹儀：《東瀛識略》，頁76。
〔註65〕唐贊袞：《臺陽見聞錄（二）》，頁188。
〔註66〕同上註，頁188。

> 不能阻止她，因法律規定大家都能自由嫁娶。除了酋長外，沒有人
> 能從中干涉。〔註67〕

泰勒對於排灣族人若女方父母不同意婚事，則男子可設法與該女子私奔，且女方父母不能阻止一事，認為雖然有些特別，但是卻「滿有道理的」，從這裡可看出泰勒對於自由戀愛的嚮往。

（二）喪禮

　　死亡是人生的終點，同時也是一件重大的事。就如同婚俗般，台灣漢人的喪俗與原住民有別。但在散文中，對於原住民喪俗的評述，一樣也是遠多於漢人喪俗的評述。就原住民而言，龔柴對其喪俗的記載是：「人死即葬於死所。死於路者，葬路側；死於床者，葬床下。掘地深數尺，然後埋之。其生平所用劍戟，同瘞穴中，附食物少許，以為奠祭之儀。此外別無喪禮」〔註68〕。相較於漢人繁重的喪禮儀節，龔柴特別強調原住民之喪事幾乎沒什麼儀節，隱然透露了他認為原住民們是不懂禮節的化外之民。

　　而蘇格蘭宣教士甘為霖（William Campbell）也記載了原住民的喪俗。他說：

> 有人告訴我以下的奇怪習俗是這些生番的慣常做法。當任何一個人
> 去世的時候，他的朋友會把房間一端總以文火悶燒的木段清除，就
> 在那個地方挖一個深洞。將屍體以坐姿放在洞內。屍體旁邊擺些死
> 者生前用的煙斗、菸草，以及其他物品，然後舉行一個簡單的儀式
> 來表現悲痛。兩個最親近的朋友將墓填好，爐火再放回原處。一切
> 都照常過下去。〔註69〕

甘為霖的記載，印證了黃叔璥《臺海使槎錄·番俗六考》中，所述平埔族的埋葬多屬室內葬，以及陪葬品多為衣服、器皿、平日雜物之俗。〔註70〕而人們對於異文化或罕見事物之反應，大多會認為是奇特的。甘為霖的反應也是

〔註67〕泰勒（George Taylor）：〈福爾摩沙的原住民〉，收於費德廉、羅效德編譯：《看見十九世紀臺灣——十四位西方旅行者的福爾摩沙故事》，頁273。

〔註68〕龔柴：《臺灣小志》，收於《臺灣文獻匯刊（第五輯第三冊）》，頁319。

〔註69〕甘為霖（William Campbell）：〈福爾摩沙的「野蠻人」〉，收於費德廉、羅效德編譯：《看見十九世紀臺灣——十四位西方旅行者的福爾摩沙故事》，頁124。

〔註70〕林淑慧：《臺灣文化采風：黃叔璥及其《臺海使槎錄》研究》（台北：萬卷樓，2004），頁195～196。

如此，所以在他眼中，對於原住民這樣的習俗，認爲是「奇怪」的。

　　此外，蔣師轍則對原住民的喪俗記載說：「人死輒瘞屋內。不爲父母制三年喪（有一年者，有四月者，有數十日者）」〔註71〕。漢人傳統上所穿戴的喪服分爲斬衰、齊衰、大功、小功、緦麻五等（統稱五服），爲父母所服之喪爲最重之三年喪。〔註72〕蔣師轍特別提及原住民不爲父母服三年之喪，看似是在貶低原住民之不懂孝道，但他又說原住民「父母之喪，覆笠不敢見天……則未始不念親也。祀祖有歌，每飯不忘祖公，則未嘗不追遠也」〔註73〕。由此看來，蔣師轍認爲原住民仍是懂孝道的，而他提及之原住民不服三年之喪，也許只是對於異文化的比較、觀照而已。另外，丁紹儀也有稱讚原住民喪俗之書寫。他說：

　　　父母死，號哭服皁衣，屍瘞室內；……葬畢，生者即遷居，……持
　　　服則一年、數月、少至十日不等。始喪，合社爲之不飲酒、不唱歌，
　　　頗有古人鄰舂不相意。〔註74〕

由此可知丁紹儀認爲原住民之喪俗，頗有古人「里有殯，不巷歌」之美風。

　　而台灣漢人之喪俗，則有唐贊袞之記載說：「臺俗人死埋葬後，必檢骨於甕罐；富者用石灰窯磚封於土面，貧者即以瓦甕置諸山中。然仕宦秉禮之家，不盡如此」〔註75〕。文中所述撿骨遷葬即爲「二次葬」之習俗。〔註76〕一般而言，初葬之墳塋稱爲「凶葬」；起骸遷葬後的墓穴，則稱爲「吉葬」（俗稱爲佳城）。洪健榮指出，此種撿骨裝罐改葬之作法，帶有南渡漢人的風水擇葬行爲與南方土著的洗骨遷葬習俗相互交融的色彩，自宋元以後漸成爲閩粵原鄉社會喪葬習俗的一項慣例。〔註77〕而這種二次葬的行爲，除了是台灣漢人喪葬習俗的常態外，也可能是由於墳穴不妥、葬後不利或土地使用的因素使然。〔註78〕也由於受傳統風水觀念的影響，所以造成了風水擇葬行爲之盛行。

〔註71〕蔣師轍：《臺游日記》，頁61。
〔註72〕黃俊郎：《禮儀之邦的寶典——禮記》，頁130。
〔註73〕蔣師轍：《臺游日記》，頁62。
〔註74〕丁紹儀：《東瀛識略》，頁77。
〔註75〕唐贊袞：《臺陽見聞錄（二）》，頁144。
〔註76〕此種習俗，佐倉孫三亦有記載。佐倉孫三：「臺人有喪……鑿地僅二、三尺置棺，……經過三、四年，而開棺洗骨，改葬於壙穴」。佐倉孫三著，林美容編：《白話圖說臺風雜記》，頁85。
〔註77〕洪健榮：《清代臺灣社會的風水習俗》，頁147。
〔註78〕同上註，頁146～148。

但這不代表人人皆是如此，就如同唐贊袞文中所言：「宦秉禮之家，不盡如此」。就像鄭用錫之父鄭崇和便堅定儒學傳統「敬鬼神而遠之」的立場，而對風水庇蔭之說不以為然。〔註79〕

二、歲時節令

所謂歲時節令，又稱民間節日或時空以外的時空（time out of time），是指「民間傳統的週期性的集體參與的事件或活動」〔註80〕。而歲時節令是屬於「非常性」生活的一部分，也是生活與文化密切結合的表徵。〔註81〕台灣的歲時節令若按照歲時的進程，則可分為過年、元宵、清明、端午、七夕、中元……等。然而在清治末期的散文中，並非每一歲時節令皆有所評述，其中評述較多者，是過年、中元節，以及元宵、清明、半年節與七夕。因此，以下將就上述幾個歲時節令來探討。

（一）過年

過年對每一民族來說，皆是重要的節日。傳統上，漢人的過年是從農曆十二月二十四日「小年」這一天開始的，所以過年實際上包括了年末到年初的相關習俗。而「小年」這一天的習俗，唐贊袞在〈小年〉一則寫說：

> 臘月二十四日為小年夜，備幢、幡、輿、馬、儀從於楮，焚而送之，謂之「送神」。設肴果於灶前，合家男女拜祝曰：『甘辛臭辣，灶君莫言』。〔註82〕

在「小年」這一天要送神，因為凡間的諸神會返回天庭，而灶神也是如此。由於灶神返回天庭會向玉帝稟報某戶人家一年來的情況，為了怕灶神會說一些不利於己的話，所以在送灶過程中，會準備豐盛的供品以巴結灶神，並且口中唸著「甘辛臭辣，灶君莫言」之語。

而除夕為一年之末，在這一天從早到晚有許多事要做，習俗很多。丁紹儀書寫一項台灣漢人在除夕前之習俗說：「除夕前數日，取各種生菜沸水泡甕中，待發變而後食之，曰隔年菜，味殊惡」〔註83〕。從文中可知對丁紹儀來

〔註79〕同上註，頁139～140。
〔註80〕王娟：《民俗學概論》，頁170。
〔註81〕李豐楙、謝宗榮：〈臺灣信仰習俗概說〉，頁30。
〔註82〕唐贊袞：《臺陽見聞錄（二）》，頁147。
〔註83〕丁紹儀：《東瀛識略》，頁34。

說，隔年荣「味殊惡」，這樣的話語，也出現在其他文人（官員）的筆下或方
志中〔註84〕。而此隔年荣之評論，或許是由於遊宦文人認爲台灣不若中原，
所以即使是食物，也不比中原的荣餚美味。而唐贊袞也提到一項飲食習俗
說：「以紅麴和米紛〔註85〕或麵，範如龜形，炊熟相貽，即以龜稱。澎湖則
製成紅雞，爲祀神之敬」〔註86〕。

此外，唐贊袞亦記載了另一項除夕當天的特殊習俗說：「殺黑鴨祭神，
謂壓一歲凶事；爲紙虎，塗以鴨血或猪血於門外燒之，禳除不祥。又用瓦盆
置松柴燃之，火光燭天」〔註87〕。文中前段所述之習俗，范咸有一組詩之詩
題說明了此習俗之情形：「臺俗，除夕門設紙虎，祭以鴨，焚之，謂可厭煞，
余名之曰焚虎……」〔註88〕。從這裡可以得知以下幾件事：第一，此習俗並
無固定的名稱，是范咸將之命名爲「焚虎」；第二，此習俗爲台灣特有；第
三，此儀式在除夕當天進行；第四，此習俗之目的是要壓煞。此儀式之所以
用紙虎，是牽涉到台灣民間信仰中的觀念。謝宗榮說：

> 白虎星君在道教信仰中是職司守護西方的四方神之一，故道廟在前
> 殿廊牆之上都設有龍、虎堵，但臺灣民間傳統信仰觀念中，白虎卻
> 帶有明顯神煞的性格，所以一般人也將白虎視爲會危害生靈的煞神
> 而有忌諱。〔註89〕

由於在台灣民間信仰的觀念中，認爲白虎帶煞，所以焚虎的習俗才以燃燒紙
虎的儀式來象徵除煞。

而上述唐贊袞之文末段，提及除夕當天跳火盆之習俗，則是和巫術
（magic）有關。以人類學的觀點而言，當人們相信他們的行爲能迫使超自
然（supernatural）以某一特別的、預期的方式起作用，那麼此一信念及相關

〔註84〕 例如，唐贊袞《臺陽見聞錄》中也有一樣的句子。唐贊袞：《臺陽見聞錄（二）》，
頁 146。
〔註85〕 「米紛」，成文出版社之《臺陽見聞錄》（以下簡稱「成文本」）作「米粉」，
應以成文本爲是。
〔註86〕 唐贊袞：《臺陽見聞錄（二）》，頁 146。
〔註87〕 同上註，頁 146。
〔註88〕 羅鳳珠主持，智慧型全臺詩知識庫：http://cls.hs.yzu.edu.tw/TWP/b/b02.htm（檢
索日期：2009 年 10 月 7 日）。標點符號爲筆者所加。
〔註89〕 謝宗榮：〈大龍峒保安宮癸未年三朝慶成醮醮典行事（上）〉，《臺北文獻》直
字 153 期（2005 年 9 月），頁 175。

的儀式即為巫術。〔註90〕而英國民俗學家弗雷哲（Frazer）則提出「交感巫術」（sympathetic magic）的概念，他將交感巫術分為二類：一類是「同類相生」或果必同因，即相類似的事物能相互影響，也就是說這一類的巫術，是由「相似律」引申出之「順勢巫術」或「模擬巫術」（imitative magic）〔註91〕；而另一類則是物體一經接觸，即使中斷接觸後仍會繼續遠距離地互相作用，也就是說這一類的巫術，是由「接觸律」或「觸染律」引申出之「接觸巫術」（contagious magic）。〔註92〕而除夕跳火盆之習俗，是屬於接觸巫術，其作用就如同台灣民間信仰中的過火儀式，藉由與火接觸可以達到消災、淨化身心等目的。

另外，在除夕當晚，有守歲之習俗。何以要守歲？《歲時廣記》中說：「癡兒騃女，多達旦不寐。俗語云：守冬爺長命，守歲娘長命」〔註93〕，由此可知守歲的用意，是希望父母能夠長命百歲。而在守歲時，台灣人有何活動？伊德（George Ede）說：

> 街上到處進行著賭博，……老年人……年輕孩子……同樣都忙著從事那邪惡的嗜好。……新年時大概每一百個人裡頭，就有九十九個都以某種方式來賭博。的確，新年的頭五天，我所到的各處，從市鎮到村莊，都見到公開進行賭博。大家為此時機保留特別好的現金。營業全部暫停。〔註94〕

從文中可知台灣人過年時賭博之興盛。過年賭博的情形，並不是只有清治末期如此，清治中期時亦然。例如，清治中期時大龍峒文人陳維英所寫之〈新春戒賭〉組詩，在註解中提到了「世俗多以賭博為新春常例」、「甚至有父子叔姪兄弟聚賭耳」之語〔註95〕，由此亦可見台灣人對賭博之熱衷。但是賭博

〔註90〕 Carol R. Ember and Melvin Ember，*Cultural Anthropology*，p. 271.

〔註91〕 順勢巫術之例子，就像前述焚虎之習俗，在紙虎口中塗鴨血、豬血或放生肉，是象徵以此物來封住虎口，而將紙虎焚化，則象徵將虎煞除去，所以此習俗是利用相似的假事物以制止真事物的發生。

〔註92〕 J. G. Frazer 著，汪培基譯：《金枝：巫術與宗教之研究》（台北：久大、桂冠，1991），頁 21～23。

〔註93〕 陳元靚：《歲時廣記》（台北：新興，1977），頁 3279。

〔註94〕 伊德（George Ede）：〈福爾摩沙北部之旅〉，收於費德廉、羅效德編譯：《看見十九世紀臺灣——十四位西方旅行者的福爾摩沙故事》，頁 326。

〔註95〕 羅鳳珠主持，智慧型全臺詩知識庫：http://cls.hs.yzu.edu.tw/TWP/b/b02.htm（檢索日期：2009 年 10 月 7 日）。

並不是只有在過年時進行，此情況將進一步在第三節「生活習俗」中討論。

（二）中元節

中元節佛教稱之為「盂蘭會」，也是另一台灣人相當重視之節日。也由於台灣中元節慶典規模之盛大，因此中元節往往成為遊宦文人的評述對象。中元節之相關習俗，唐贊袞記載說：

> 臺俗盛行普渡，門貼紅箋，大書慶讚中元。家家……結綵燈多至千百，笙歌達旦；名曰「放水燈」。豬、羊、雞、鴨砌成山塔，百盤菓品、海菜，羅列高臺。無賴之徒，爭相奪食，名曰「搶派」；費用極侈。自七月初起，至月盡止。……又或翦紙為燈燃放，海邊漁船攫取得者，一年大利。〔註96〕

而對於台灣的中元節，沈葆楨則評論說：「每歲中元道場，不茹素而啖葷，歌舞婆娑、酒肉腥臭，經月不息，糜費不貲」〔註97〕。

沈葆楨和唐贊袞抨擊台灣中元節的慶典糜費不貲，這樣的評論同樣也出現在多位文人或官員的論述中。蔣師轍記述台灣在中元節當天，金鼓爆竹之聲不絕於耳，而供品繁多，堆高二、三尺，所以他評論說「珍錯酒果，鬥靡無節」、「今俗之侈，殆踵事益增矣」。〔註98〕而吳子光則說：「質明日昳大陳給孤園冥鏹山積羊豕數十重，窮極侈麗，凡山海珍錯糗粗果蓏之屬，罔不備。……但見萬人如海，豕突狼奔，算不盡恆河沙數，盛哉」〔註99〕。又說：「焚冥帛送神。將徹，惡少年三五成群，奮臂奪神餕以去；稍拂之，則弩目視人，無敢攖其鋒者；謂之『搶孤』。……臺人惟此節糜貲財至廣」〔註100〕。由此可見台灣中元節之盛況與花費之多。

而丁紹儀主要是從食物保存的觀點，來抨擊台灣中元節之鋪張浪費。他說：

> 普度者，……別具多桌，疊豬、魚、雞、鴨、鮮菓、餅餌高五、六尺，積如岡阜為美。……每年需費番銀千圓，少亦數百圓，胥斂之署以內。其雞魚皆生獻，越宿已臭，未免暴殄。僉曰不但葷腥易敗，

〔註96〕唐贊袞：《臺陽見聞錄（二）》，頁147。
〔註97〕沈葆楨：《福建臺灣奏摺》，頁82。
〔註98〕蔣師轍：《臺游日記》，頁122～123。
〔註99〕吳子光：《一肚皮集》，收入黃哲永、吳福助主編：《全臺文（第十三冊）》，頁584。
〔註100〕吳子光：《臺灣紀事》（台北：臺灣銀行經濟研究室，1959），頁26。

祭後諸品雖存形質，食之均無味云。〔註101〕

生雞和生魚等生食，在烈日下經過普渡之後，大多已壞掉，如此的確浪費食物，因此丁紹儀才會抨擊台灣的中元節太過鋪張浪費，祭品太多。而清治時期的台灣人，普遍都有崇尚奢華之風，就如同謝金鑾所說：「自內地初至者，恒以為奢，久之習為固然。宴客必豐珍錯，價倍內地，互相角勝」〔註102〕，陳文達也說：「台俗宴會之設，動費中產」〔註103〕。吳奇浩指出，清代台灣奢靡風氣之成因有三：第一，是風俗習慣使然，即中國移入的風俗；第二，是經濟背景使然，即明鄭以來的經濟基礎與商貿發展；第三，則是生產與所得使然。〔註104〕但是，此奢華之風以中元節尤盛，佐倉孫三解釋說此為台灣人在「非常」時期「狂文化」的表現〔註105〕。

從以上文人與官員的論述中，皆可看出他們對於崇尚奢華之風氣皆作奢侈、浪費的負面評價，而這就與方志中的評論不同。廖藤葉指出，由於中元普度的費用大部分都是地方人士集資而成，所以方志中比較看不到對首事者的嚴厲抨擊文詞。〔註106〕

此外，馬偕亦有台灣中元節之書寫。他評述搶孤的情形說：

> 我所見過最盛大和可怕的場面就是「七月節」的祭拜。七月要祭拜所有的亡魂，是很重要的祭拜月份。……用竹竿搭建錐體型的架子，……從上到下掛滿著成串要供給神吃的食物，……以及各種美食……有數千個非常不靈性的飢餓群眾，包括乞丐、流浪漢、無賴漢等等，……都迫不及待的等著輪到他們吃的時刻。……輪到這群人的時刻了……此時，吼叫聲、咒罵聲、哀號聲四起，像是地獄的鬼叫。……大家像瘋狗一樣的搶來搶去，為的是要得到所垂涎之物。……每個人搶到幾乎拿不動後，就緊緊抓著搶到的，設法要從人群中逃脫出去，但那些擠在外圍沒搶到甚麼的，就渴望從搶得滿

〔註101〕丁紹儀：《東瀛識略》，頁35～36。

〔註102〕謝金鑾：《續修臺灣縣志》（台北：大通，1987），頁51。

〔註103〕陳文達：《鳳山縣志》（台北：大通，1987），頁80。

〔註104〕吳奇浩：〈清代臺灣之奢靡風氣〉，《臺灣史研究》12卷2期（2005年12月），頁60～66。

〔註105〕佐倉孫三：「臺人勤業貨殖……唯中元盂蘭會，戶戶爭奇、家家鬥奢」。佐倉孫三著，林美容編：《白話圖說臺風雜記》，頁91。

〔註106〕廖藤葉：〈清代遊宦官員古典詩中的臺灣中元節〉，《歷史月刊》175期（2002年8月），頁98。

滿的人的手中奪取食物。……這種節祭方式會使社會變得多麼敗
壞，實在令人難以評估。〔註107〕

馬偕很生動地描述中元節搶孤的情景，從文中可看出馬偕對於搶孤的評價是
多麼地差、多麼地負面，所以他在文中使用「可怕」、「使社會變得多麼敗壞」
等語來形容此活動。

（三）元宵、清明、半年節及七夕

　　正月十五為元宵節，又稱上元節。唐贊袞於《臺陽見聞錄》中寫道：「臺
俗上元製紙燈如飛蓋，簫鼓前導，謂之『鬧傘燈』」〔註108〕。何以會有鬧傘
燈之習俗？這是因為「燈」與「丁」在閩南語中諧音，故以燈來象徵能夠子
孫滿堂。而這也是屬於交感巫術中的順勢巫術。此外，元宵節時，台灣女子
有偷折人家花枝的習俗。范咸有一組詩之詩題說明了此一情形：「元夕，女
子偷折人家花枝，謂異日可得佳婿，余名之曰竊花……」〔註109〕，此即台
灣俗語所說之「偷挽蔥，嫁好尪」之習俗。而對於此習俗，丁紹儀評論說：

> 上元節，未字之女偷折人家花枝竹葉，為人詬詈，謂異日必得佳婿；
> 平民則毀傷他家牆垣，或竊豕槽、雞欄，辱及父母，亦謂一年大利。
> 此與江浙婦女走三橋、京都新嫁娘摸城門釘、遼時放偷之風頗相
> 類。〔註110〕

丁紹儀文中所述除了「偷挽蔥」之習俗外，也包括台灣元宵節之另一習俗，
即「拔竹籬」。由於「竹籬」與「得兒」之閩南語音相近，故「拔竹籬」之
習俗是希望可以生子。然而，丁紹儀對於「偷挽蔥」、「拔竹籬」之習俗並不
認同，所以才說這些習俗「為人詬詈」、「辱及父母」。

　　唐贊袞則記載清明節之習俗說：「清明日，民家合宅男女邀集親戚上墳；
祭畢，則聚飲墳上」〔註111〕。由於儒家文化強調要慎終追遠，因此在清明
節時到祖墳掃墓祭祖。此外，《臺陽見聞錄》中也記載半年節之習俗說：「六

〔註107〕馬偕（George Leslie MacKay）著，林晚生譯：《福爾摩沙紀事：馬偕台灣回
　　　　憶錄》，頁120～121。
〔註108〕唐贊袞：《臺陽見聞錄（二）》，頁148。
〔註109〕羅鳳珠主持，智慧型全臺詩知識庫：http://cls.hs.yzu.edu.tw/TWP/b/b02.htm（檢
　　　　索日期：2009年10月7日）。標點符號為筆者所加。
〔註110〕丁紹儀：《東瀛識略》，頁36。
〔註111〕唐贊袞：《臺陽見聞錄（二）》，頁147。

月朔，各家雜紅麵于米紛〔註112〕，名曰『半年丸』」〔註113〕。半年節在農曆六月，有的在初一、有的在十五做半年節，唐贊袞所觀察之半年節則在六月初一做。半年丸爲圓糯米搓成之紅色米丸，而人們做半年丸，是因爲它的粘性象徵團結，圓形象徵團圓，紅色則象徵喜氣，所以，半年丸的製作也是一交感巫術的實踐。〔註114〕

　　農曆七月初七爲七夕，這一天也是魁星之生日。丁紹儀記載當天士子之活動說：「以七月七日爲魁星生辰，羅陳牲醴，祭畢劇飲，曰魁星會」〔註115〕。而七夕此一節日是源於牛郎織女鵲橋相會的神話，這一天對婦女來說是重要的日子，婦女們「設香花、菓品、鴨卵七枚於庭，以祀織女，曰乞巧會」〔註116〕。何根海認爲，每月初七爲陽會日，也就是男女間的生殖交媾日，這可能是對遠古群婚制下，在春天節日時青春集會中「奔者不禁」的野合之風的調適、修正和補充。後來，在儒家禮制文化及封建倫理道德干預機制的強化下，陽會日崇拜生殖的原始內涵，才逐漸變爲女子娛樂休息和向織女乞巧的民俗節日。〔註117〕此外，丁紹儀文中記載之乞巧會習俗，則隱藏著初民追求豐收增產和提高生產技能的世俗態度。何根海認爲以瓜果類作爲祭拜織女之供品，是因爲「主瓜果」的織女身兼生殖神和豐收神的雙重神格，所以是祈求豐收增產；而女子穿針的遊戲，則是要培養女子必備的生產技術與技能，進而提高生產技能。〔註118〕

第三節　生活習俗的評述

　　除了上述民間信仰、生命禮俗與歲時節令的評述外，清治末期的散文中

〔註112〕「雜紅麵于米紛」成文本作「雜紅麵子米粉」。成文本之「子」應爲台銀本「于」之誤，而台銀本之「米紛」應爲成文本「米粉」之誤，故整句應爲「雜紅麵于米粉」。

〔註113〕唐贊袞：《臺陽見聞錄（二）》，頁148。

〔註114〕吳福蓮：〈台灣民間的交感巫術信仰〉，《歷史月刊》132期（1999年1月），頁45。

〔註115〕丁紹儀：《東瀛識略》，頁32。

〔註116〕同上註，頁32。

〔註117〕何根海：〈七夕風俗的文化破譯〉，《歷史月刊》127期（1998年8月），頁108～110。

〔註118〕同上註，頁110～112。

也有許多生活習俗的評述，像是台灣男子喜歡近女色、女子很年輕即破瓜〔註119〕，或是台灣人重名聲〔註120〕等。另外，有些生活習俗則已散見於第一、二節各部分，像是崇尚奢華的風氣。由於生活習俗的評述很多很雜，因此本節只以評述較多的生活習俗為探討的焦點，也就是吸鴉片、嚼檳榔及酗酒，獵人頭，身體裝飾，賭博，以及重男輕女等五個面向。

一、吸鴉片、嚼檳榔及酗酒

　　清治時期的台灣，吸食鴉片的風氣相當興盛。這樣的情形，可由沈葆楨所言「洋煙流毒，遍於四民老少，形骸半如枯臘」〔註121〕看出。美國探險家史蒂瑞（Joseph Beal Steere）也說：「我們在火燒店鎮……的旅店過夜。……整個店裡都瀰漫著鴉片煙的味道」〔註122〕，所以就連旅店，也是瀰漫著鴉片煙的味道，由此可見台灣吸食鴉片之風氣的確興盛。而人民究竟對鴉片的上癮情形為何？蔣師轍記載說：「官弁嚴禁，常有身被逮繫，猶求緩須臾，再吸一筒者。繪煙人迷罔情態，昏溺可笑」〔註123〕，由此可見人民上癮程度之高。

　　以上是一般民眾的情形，至於士兵，也是有許多人吸食鴉片。蘇格蘭傳教士伊德（George Ede）說：

> 此營裡的六十個士兵中，只有三個不抽鴉片煙。他們全都處於極可憐的狀況……問到這些兵士有無經常操練時，一個旅客告知，他們唯一的操練，就是用「大槍」做的。這是對鴉片煙管的戲稱。〔註124〕

由此可見即使是士兵也幾乎是人人吸食鴉片，以致於他們沒有操練、積弱不振。這樣的情形，身兼統領鎮海後軍各營屯的胡傳也看到了。雖然胡傳知道士兵吸食鴉片是誤以為能辟瘴氣〔註125〕，但他仍憂心地說：

〔註119〕丁紹儀：《東瀛識略》，頁33。
〔註120〕蔣師轍：《臺游日記》，頁18。
〔註121〕沈葆楨：《福建臺灣奏摺》，頁82。
〔註122〕史蒂瑞（Joseph Beal Steere）：〈來自福爾摩沙的信件〉，收於費德廉、羅效德編譯：《看見十九世紀臺灣——十四位西方旅行者的福爾摩沙故事》，頁80。
〔註123〕蔣師轍：《臺游日記》，頁86。
〔註124〕伊德（George Ede）：〈穿越東福爾摩沙之旅〉，收於費德廉、羅效德編譯：《看見十九世紀臺灣——十四位西方旅行者的福爾摩沙故事》，頁344。
〔註125〕胡傳：《臺灣日記與稟啟（二）》，頁189。

> 地方深患民少，而尤患吸鴉片之人，現已不少。市中商賈懋遷，烟
> 土居其大半。營中餉糈之消耗，烟土亦居其大半。民日貧，軍日弱，
> 而番則日富而日強：誠可患也。〔註126〕

胡傳之所以憂心，是因為他認為漢人之民眾、士兵吸食鴉片，會讓生番日富日強而可患。

　　而身為鴉片輸出國國民的甘為霖，也對吸食鴉片的情形憂心地說：

> 相當遺憾的是，輸入這些必需品時，也同時帶過來大量的鴉片。……
> 鴉片在此地（案：指澎湖）的需求比在福爾摩沙西部的漁村更大。
> 人們解釋說，每隔一陣子的暴風雨氣候，往往會讓他們有好幾個星
> 期的時間都被逼得閒散無聊。還有許多人以吸鴉片來緩解風濕病痛
> 與劇烈的頭疼。〔註127〕

由於甘為霖身為宣教士，而教會反對人們吸食鴉片，因此甘為霖並不以鴉片出口能讓自己國家獲利為樂，反而他對於國際貿易的發展同時為其他國家帶來鴉片的輸入，是感到遺憾的。

　　台灣另一項為人詬病的風俗，是嚼檳榔。台灣人如何食用檳榔？池志澂解釋說：「臺人於未熟食其皮，合蠣房灰、浮留藤同嚼，可避瘴氣。然三物合和，唾如膿血，亦惡習也」〔註128〕。而關於台灣人嚼檳榔之風氣，則有丁紹儀記載說：「男女尤嗜檳榔，咀嚼不去口，日茹百餘文不惜，客至必以獻，不以茶酒為敬」〔註129〕，由此可見台灣人嚼檳榔之盛，甚至以檳榔代茶酒。此外，蔣師轍則描述嚼檳榔之狀說：「市人無老稚男婦，率面色顯頷，血不足肉，而貪著綺紈，坐起皆嚼生檳榔不去口，搖脣露齒，猩紅駭人」〔註130〕，由此可知清國文人與官員對嚼檳榔之印象，是「猩紅駭人」的。而馬偕則對嚼檳榔評論說：

> 不論男女個個都吸煙和嚼檳榔。不論在樹蔭下、在家裡或在路上，
> 任何地方，所看到的男女，成群或獨自一人，每個人身上都帶有……
> 一袋煙（案：應為「菸」）葉和檳榔。他們的嘴很髒，甚至變形，

〔註126〕同上註，頁159。
〔註127〕甘為霖（William Campbell）：〈澎湖群島記行〉，收於費德廉、羅效德編譯：《看見十九世紀臺灣——十四位西方旅行者的福爾摩沙故事》，頁128。
〔註128〕池志澂：《全臺遊記》，頁10。
〔註129〕丁紹儀：《東瀛識略》，頁34。
〔註130〕蔣師轍：《臺游日記》，頁18。

> 而且都不停的嚼動。不論是在走路或在休息，都是在忙著準備或吃
> 香煙和檳榔。這些習慣，不僅有說不出的髒，而且使他們的健康極
> 為耗損。〔註131〕

馬偕對嚼檳榔也是持負面的看法，但是他除了以「髒」的觀點來看，更是從「健康」的觀點來抨擊此風俗。即使到了 21 世紀的今日，嚼檳榔所造成的髒以及對健康的危害，仍是被抨擊的切入點。

除了吸鴉片及嚼檳榔外，酗酒也是當時台灣的一項風氣，而此風氣尤盛行於原住民之間。泰勒（George Taylor）就評論原住民的酗酒風氣說：

> 他們從漢人那裡學會了釀酒的藝術，亞力酒……就變成每天必喝的
> 東西。連幼小的孩子也讓他們愛喝多少就喝多少。結果非常可悲，
> 因那顯然妨礙正常發育，而造成胃腫脹積水。那些讓其喝酒的小孩，
> 很少能活到十五歲。除非能放棄此陋習，否則此種族殘存的日子屈
> 指可數。〔註132〕

由此可見原住民酗酒風氣之興盛，即使是幼小的孩子也讓他們無限制地喝。對於這樣的情形，泰勒則憂心再這樣下去，可能會造成他們的滅族。而伊德（George Ede）也抨擊喝酒的風氣說：

> 教徒是不准吸食鴉片的。但我認為，喝酒也應受責備，理由就跟譴
> 責吸鴉片的完全一樣。兩者都同樣有在道德、社交、心靈上毀滅一
> 個人的力量。都會使人墮落，因此，同樣都是禍因。〔註133〕

由於伊德是傳教士，而酗酒不僅會對教會的利益有極大的傷害，而且也會使人墮落，因此他抨擊酗酒的行為是個禍因。

二、獵人頭

獵人頭是台灣原住民的一項習俗，但不論是漢人或外國人皆對此習俗加以抨擊，因為此習俗會奪取他人的性命。例如吳子光就抨擊生番說：「性嗜殺，每出必腰弓矢，手執鳥鎗火器，伺人於險僻處斃之；……漆其頭以為飲器，

〔註131〕馬偕（George Leslie MacKay）著，林晚生譯：《福爾摩沙紀事：馬偕台灣回憶錄》，頁 237～238。
〔註132〕泰勒（George Taylor）：〈福爾摩沙的原住民〉，收於費德廉、羅效德編譯：《看見十九世紀臺灣──十四位西方旅行者的福爾摩沙故事》，頁 273。
〔註133〕伊德（George Ede）：〈福爾摩沙北部之旅〉，收於費德廉、羅效德編譯：《看見十九世紀臺灣──十四位西方旅行者的福爾摩沙故事》，頁 330。

家無論富厚貧窮，總以此物多寡相雄長」〔註134〕。蔣師轍也抨擊說：「其眾寬則事耕作，獵禽獸，旰旰睢睢，自遂其生；急則尋人殺戮以自快，其天性也。其長兵則弓矢，短兵則鏢槊；近頗有火槍矣。無以激之，則亦不動；凶悍嗜殺」〔註135〕。由此可知對吳子光與蔣師轍來說，嗜殺是生番的天性，所以他們才會獵人頭。

　　而就外國人來說，同樣也認為獵人頭是生番的天性、嗜好。馬偕寫道：

> 台灣的生蕃最熱愛的是獵取人頭，這也是他們被控訴的一項暴力罪行。他們自幼到衰老都只熱衷於這一件事，從不感厭倦，也絕不會動惻隱之心。一位酋長到了年老時，可能已對於獵取鹿和山豬興趣缺缺，但他至死都對於獵取人頭之事興趣盎然，也把突擊後提著人頭戰利品英勇的榮歸視為是終生最意愛的。他死前最後的願望就是他的兒子們也都能以靜悄悄的步伐精準刺中對方，為部族帶回更多的戰利品來贏得祖先的嘉許。〔註136〕

從文中馬偕對於生番獵人頭之事，評論為「暴力罪行」、「不感厭倦」、「不會動惻隱之心」、「至死都興趣盎然」等語來看，可知馬偕對此習俗也是不以為然的。此外，由於生番獵人頭大多是採取偷襲而非在空曠地上靠技巧和力量來取勝，所以馬偕也評論他們說：「生蕃外表看起來像似很猛勇，但內心其實很懦弱」〔註137〕。

　　雖然生番獵人頭之習俗遭到眾人抨擊，但也有人是對他們抱持同情的態度。史久龍說：

> 其得妻之道，亦甚艱，不論門第，不論家業，惟視其能殺人與否，
> 多多益善。如能殺數人，則闔社稱為英雄。妻財均隨之而來。否則
> 人盡鄙之。其性喜殺人，亦為勢所迫也。〔註138〕

史久龍認為：生番之所以喜歡獵人頭殺人，是情勢所迫，因為這不僅關係到他在部落中的地位，甚至也會影響到他是否娶得到妻子。因此，史久龍在文中並未大加抨擊此習俗。

〔註134〕吳子光：《一肚皮集》，收入黃哲永、吳福助主編：《全臺文（第十三冊）》，頁586。
〔註135〕蔣師轍：《臺游日記》，頁61。
〔註136〕馬偕（George Leslie MacKay）著，林晚生譯：《福爾摩沙紀事：馬偕台灣回憶錄》，頁258。
〔註137〕同上註，頁262。
〔註138〕史久龍：《憶臺雜記》，頁44左～45右。

三、身體裝飾

在所有的社會中，人們會裝飾他們的身體，而這許多是出於美感的考量。纏足便是此類身體裝飾之一。正如 Carol R. Ember 及 Melvin Ember 所言，「裝飾的實際形式是依賴文化的傳統」〔註139〕。纏足之風由來已久，對於此一身體裝飾，「婦人自以爲美，男子亦視其蹣跚行步狀爲步步生蓮花」〔註140〕，由此可知在當時不論男女，大多視纏足爲一優美的身體裝飾。然而，並非人人皆贊成婦女纏足，例如李春生便說：

> 人性嗜惡，必欲纏足誨淫，豈非怪化工之造次，特不先與人謀乎？
> 無奈此風一行，號疼啼苦之聲，聞於閨閣，忍心害理，莫此爲甚。
> 村愚不肖，猶幸半奉半違。若夫紳富大戶，更至家喻戶曉。平心而
> 論，不纏足者，順天之正俗也；纏足者，逆天之邪俗也。今欲不改
> 虛祭，而又僻尚纏足，是應趨愈下，越教；越化，越不俗。〔註141〕

李春生是以人道的觀點，來抨擊纏足的習俗。他認爲纏足是使婦女痛苦之「邪俗」，因此主張要廢除纏足〔註142〕。

而原住民有刺青的習俗，對於此一習俗，蔣師轍記載說：「娶妻後即於肩、背、胸膛、手臂兩腋下，鍼刺花，用黑煙文之。正土官刺人形，副土官公廨袛刺墨花，女土官肩臂手掌亦刺墨花，以爲尊卑之別」〔註143〕。身體裝飾除了滿足美感的需求外，也可能被用來描述社會地位、階級、性別、職業……等。〔註144〕原住民的刺青習俗，正是有此區別之作用，它是做爲「尊卑之別」的。相較於纏足、刺青等永久性的身體裝飾，有些身體裝飾是暫時性的，像是衣服、飾品等。池志澂記載台北城內漢人的妝扮說：「男子無貴賤，不穿長服，喜搭紅綠辮頭，有重至七、八兩者。女子自七、八歲至十五、六時，亦喜盤紅辮。婦人喜豔服鮮花，裹足如弓，環以金鍊，其大如鈕，行路聲琅琅也」〔註145〕。由此可知當時台北城內漢人的妝扮喜好。

〔註139〕Carol R. Ember and Melvin Ember，*Cultural Anthropology*，p. 280.
〔註140〕佐倉孫三著，林美容編：《白話圖說臺風雜記》，頁 7。
〔註141〕李春生：《主津新集》，收於李明輝、黃俊傑、黎漢基編：《李春生著作集（第二冊）》，頁 207。
〔註142〕同上註，頁 181。
〔註143〕蔣師轍：《臺游日記》，頁 60～61。
〔註144〕Carol R. Ember and Melvin Ember，*Cultural Anthropology*，p. 280.
〔註145〕池志澂：《全臺遊記》，頁 4。

　　相較於漢人衣著風氣的書寫，原住民衣著風氣的書寫又呈現何種樣貌？
丁紹儀記載：

> 彰化內山番，止繫尺布於前，風吹則全體皆現。炎天或結麻枲，
> 縷縷繞垂下體，以為涼爽。冬以鹿皮披於身閒（案：應為「間」）。
> 有鹿皮蒙首，止露兩目者，亦有披氈及以卓戈文蔽體者。皆赤足，
> 不知有韤履。〔註146〕

每個社群的衣著，除了受其審美觀的影響外，也會受其所處環境的影響，
像是熱帶地區與寒帶地區人民的衣著就不相同。同樣地，由於台灣原住民
與漢人所處的環境不盡相同，故衣著也會有所差異。但是，丁紹儀以儒家
禮教的觀點來看待原住民的衣著，而加以批評。而蔣師轍同樣也是以此觀
點來評論原住民之衣著。他說：「自土官以次，咸短衣掩臍，下蔽尺布，女
或圍幅布為桶裙」、「臺灣時為荒島，倮人群居，不異鳥獸，忽睹中國衣冠，
得不驚為天神」〔註147〕，由此可見蔣師轍也是對原住民的衣著風氣持負面
看法。

　　此外，吳子光也評論原住民之衣著說：

> 番丁皆肉袒，……私處用木皮遮蔽，鬚眉畢現；番婦則以非衣非裳
> 略似裙者帷之，梅花漏洩春消息，……與郭舍人脫褲何異！……番
> 婦溲戲場畔，與白晝露體浴於潭窟，視人了無驚猜，……今則稍知
> 愧恥矣。〔註148〕

吳子光在文中同樣也是對原住民之衣著風氣加以批評。而以上諸位清國文人
與官員對原住民衣著之論述，處處顯露出化外之民不懂禮教的批評，也就是
儒家禮教成為作者們審視原住民衣著的標準。

四、賭博

　　賭博此一風俗已在第二節過年習俗處略有提及，而此處將進一步說明台
灣賭博風氣盛行之情形。丁紹儀指出：「臺地物阜民殷，人多尚義，俗宜醇樸；
乃有相沿陋習，如輕生、好鬭、信鬼、嗜博，牢不可破，致富者因之而貧，

〔註146〕丁紹儀：《東瀛識略》，頁75。
〔註147〕蔣師轍：《臺游日記》，頁61、86。
〔註148〕吳子光：《一肚皮集》，收入黃哲永、吳福助主編：《全臺文（第十三冊）》，頁
　　　　593。

貧者因之而不肖」〔註149〕，文中點出賭博是台灣的陋習之一。這樣的評論，也出現在方志中，就像謝金鑾說：「然有爲甚害者，曰鴉片，曰賭局，充衢蔽野，富者以之而貧，中人以之爲不肖。不軌之徒於是聯絡」〔註150〕。

　　台灣的賭風有多盛行？唐贊袞寫說台灣的賭風較其他各地都還要盛行，有寶攤、牌九等名稱；而賭博之人，往往「傾囊而出」、「一擲千金」，所以賭博是風俗人心之害，要加以嚴禁。〔註151〕而丁紹儀說：

> 設場誘賭，例禁綦嚴，莠民之甘冒不諱者，大抵無田可業、無藝能操，而又不慣作苦，捨而他圖，計惟爲竊爲匪而已。每有良有司禁賭愈力，盜風愈熾，正少一區處法耳。〔註152〕

由於賭博會造成傾家蕩產、荒廢事業、盜賊蜂起……等不良影響，所以官員們都極力加以禁止。

　　然而，就如同沈葆楨所言：「寶局牌場，攤排鬧市，營卒包庇，地方官禁格不行」〔註153〕，由於有營卒的包庇，所以賭博禁不勝禁。這樣的情形，丁紹儀說：

> 習之惡者，更有賭博。衙門兵役皆月有規禮，故敢明目張膽爲之；夜則門懸巨燈，數人遮客於途。廟戲、市集，環排數十桌，如列肆然。工商輩得資較易，視之遂輕，一擲多金，囊空弗顧。〔註154〕

由此可見由於衙門兵役接受賄賂，造成民眾敢明目張膽地賭博，而使得賭博之風更加盛行。

五、重男輕女

　　同一性別在父系社會和母系社會中，受到的重視程度有別。漢人是屬於父系社會，而台灣的居民是以漢人爲多數，因此台灣對男性的重視較普遍。在重男輕女的觀念下，雖然男性也有被要求要承擔的責任與義務，但是女性往往也遭受許多不平等的待遇。這種不平等的待遇，也成爲作者書寫、議論的對象。

〔註149〕丁紹儀：《東瀛識略》，頁36～37。
〔註150〕謝金鑾：《續修臺灣縣志》，頁51。
〔註151〕唐贊袞：《臺陽見聞錄（二）》，頁145。
〔註152〕丁紹儀：《東瀛識略》，頁37。
〔註153〕沈葆楨：《福建臺灣奏摺》，頁82。
〔註154〕丁紹儀：《東瀛識略》，頁36。

在古代，男子不僅可以娶妻，還可以納妾。對於這樣的情形，李春生說：

> 蓋伉儷之情，造化成性，稟賦投合，無能或奪。所以妻有外遇，男
> 女並殺，夫不坐抵。律若是之嚴，蓋所以懲奪人之伉儷者。若以敵
> 體平情而論，夫有外遇，妻亦可以所待者，反待其夫，然後謂禮之
> 平、法之等，須不至畸虧夫婦造端之一道。今者，一夫之貴，而妃
> 嬪充室，一人之富，而嬖妾盈庭，畢竟不問所妻，其果甘心視人之
> 奪其伉儷者乎？〔註155〕

李春生是以男女平等的觀點，來看待此事。他認為丈夫納妾，對妻子來說是
不公平的，若丈夫可以如此，何以妻子不行？從這裡也可以看出李春生有一
夫一妻的想法。

而馬偕也記載：由於重男輕女的關係，所以若生下的是女孩，則沒有人
會對該女孩關注；若此女孩還是個有殘缺的，那麼很可能就會讓她立刻死去。
此外，若窮人家再次生個女孩，也往往會將此女孩除去，以減輕家裡的負擔〔註
156〕。即使將生下來的女孩留下來扶養，為了讓該女子將來能順利嫁出去並收
得較多的聘金，所以會要求該女子讓人看起來端莊淑雅、羞答答的模樣。因
此，到了十歲時，女子除了家人外，不可任意與其他男子交談或在一起；也
不可以讓來家裡的客人看到，只能從裡面的房間偷看。此外，過年過節時，
該女子還要刻意打扮地漂漂亮亮。若不這麼做，則會讓一家的名聲掃地，以
後也很難嫁出去。〔註157〕對於此一重男輕女之風俗，馬偕評論說：「對於這樣
的不良習俗，雖然很想幫忙除去，但是在異教徒的國度，這種道德思想是根
深蒂固的，要想讓他們改進有可能嗎？大概非常難」〔註158〕。由此可知馬偕
認為此一現象不僅是個不良習俗，而且很難除去，所以他希望透過女子學校，
以基督的力量來讓她們脫離束縛。

但是，仍有一些重男輕女的例外狀況。例如吳子光說：「臺俗貧人多重女
輕男，所謂生男勿喜女勿悲者，此非為門楣計，為一株錢樹子計耳」〔註159〕。

〔註155〕李春生：《主津新集》，收於李明輝、黃俊傑、黎漢基編：《李春生著作集（第
　　　　二冊）》，頁255。
〔註156〕這樣的現象，也反映在清治中期散文中，倡建「育嬰堂」的議論主題裡。林
　　　　淑慧：《台灣清治時期散文的文化軌跡》，頁197～202。
〔註157〕馬偕（George Leslie MacKay）著，林晚生譯：《福爾摩沙紀事：馬偕台灣回
　　　　憶錄》，頁287～288。
〔註158〕同上註，頁288。
〔註159〕吳子光：《一肚皮集》，收入黃哲永、吳福助主編：《全臺文（第十三冊）》，頁

由於女子出嫁時能收得聘金，因此有些窮人家便以此來增加收入。而池志澂
也說：

> 俗重生女，有終其身不嫁以娼爲榮者。此風不知何自始耶？嗚呼！
> 地氣溫濕，人性自淫，宜開湖水以洩其菁華，宜栽大樹以收其元氣。
> 〔註160〕

由於當時有笑貧不笑娼之風氣，所以有些人比較重生女，且以作娼爲榮。此
外，對於母系社會的原住民來說，也不是重男輕女的。龔柴記載說：「生番婚
姻：男往女家，如中國贅壻然，故父母皆期生女，不重生男」〔註161〕，所以
部分的原住民是重女輕男，而非重男輕女。

　　　581～582。

〔註160〕池志澂：《全臺遊記》，頁5。

〔註161〕龔柴：《臺灣小志》，收於《臺灣文獻匯刊（第五輯第三冊）》，頁320。

第六章　討論與結論

　　本文的研究對象是台灣清治末期（1871～1895 年）的散文，而探討的重點，則包括政治與教育的議論、產業經濟的評論，以及民情風俗的評述等三個面向之論述。透過此三個主題之探討，本文對於台灣清治末期散文中的文化論述，有以下之研究發現：帝國之眼的觀看視角、二元對立的論述模式，以及初具現代性的社會圖像。

　　第一，就帝國之眼的觀看視角而言，在台灣清治末期的散文中，處處顯露出以帝國之眼來觀看異文化的論述。如此帝國之眼的觀看視角，是根基於帝國主義（imperialism）。帝國主義涉及某一群人從屬於另一群人的形式。而所謂帝國主義，是泛指依據歷史的差異以及理論或組織的差異而形成的宰制和附屬的各種關係，它代表一種意識形態和經濟操控的系統。而其意涵，最早是指一個受愛戴的獨裁領導者帶來國內政治穩定和繁榮而形成的意識形態，後來逐漸變成隱喻透過征服和擴張海外領土以展現國威的政策。帝國主義又有新舊之分，舊帝國主義是形容真正採取征服和占據行動之後的一種政治系統，而新帝國主義指的則是普遍的經濟宰制系統。而帝國主義的特色是權力的行使。權力的行使主要有兩種方式：一是透過直接的征服，另一是透過實際上類似宰制的政治和經濟影響力，這兩種手段都是藉助於制度或意識形態來實踐權力。此外，由於帝國主義受到意識形態以及某個理論的驅使，在有些情況下的操作，就和純粹為了經濟目的的論點一樣，其目的只是為了要對抗純粹經濟利益的主張而已。因此，帝國主義也是一個矛盾的意識

形態——它現在被描述成是「紳士般的資本主義」的產物。〔註1〕

以帝國主義來檢視清治末期的散文，可以發現有兩股帝國主義的勢力：一是清帝國本身的帝國主義，另一則是西方列強的帝國主義。首先就清帝國的帝國主義勢力而言，不論是清國的文人或官員，其論述中皆蘊涵帝國主義的權力行使。例如，爲了確保擁有台灣（甚至是中原）此一帝國的領土，所以在相關的議論中強調台灣或澎湖的地位足以振國威、保疆宇。在評論對外事件時，不僅稱侵略者爲夷，而且將其妖魔化——這不僅是因爲傳統上對外族的鄙夷，更是因爲對方（列強）威脅到自身帝國的權力。而對於西方列強的經濟影響力（例如鴉片的進口或對於機器及相關技術人員的價格宰制），也大加抨擊。再來，就列強的帝國主義而言，在外國人的論述中，也透露出帝國主義的權力行使。像是有人贊成以武力征服台灣的原住民，或是台灣應由歐洲的勢力來統治。而從清人對洋務運動的論述中，也可看出西方帝國之武力對清帝國的影響。

再來，以帝國主義之目的有時只是爲了要對抗純粹經濟利益的主張，來看台灣清治末期的散文，可以發現在產業經濟的評論中，也存在著這種對抗純粹經濟利益的主張。由於當時西方帝國對清國的經濟逐漸有宰制的影響力，所以清人在礦產的開採（尤其是煤礦）或樟腦的提煉，甚至是國際貿易等相關的議題上，有多處強調這些作爲是要與西人爭利。也就是說清人在這些議題上的帝國主義之操作，是要與西方列強的經濟利益相抗衡。

此外，帝國主義最重要的附屬品，是文化及教育的帝國主義。所謂文化及教育的帝國主義，是指以「開化的使命」（mission civilisatrice）來爲帝國勢力之擴張做辯護。亦即帝國統治者宣稱其勢力之擴張，是要將本身較優越、較高明之文化，傳達給其他尚未開化的種族。而這樣的藉口，也就變成了帝國主義道德立論的重點。〔註2〕以此文化及教育的帝國主義來看清治末期的散文，同樣也充斥著「開化的使命」。例如在清人（不論是文人或官員）的論述中，可以發現他們認爲就是因爲清帝國將文教帶入台灣，才使得台灣文風蔚起，並且可以使台民懂禮教。而在他們眼中台灣敗壞的風俗，也是需要靠清帝國帶入優越的文化來移風易俗、化番爲民。

〔註1〕 Robert J. C. Young 著，周素鳳、陳巨擘譯：《後殖民主義——歷史的導引》（台北：巨流，2006），頁26～29。
〔註2〕 同上註，頁30。

同樣地，在外國人的著作中，也可以找到他們認為基督教文化可以改善較落後的文化之論述，像是藉由基督教以改善台灣盲目的民間信仰、讓女子脫離重男輕女的束縛等。另外，在清國作者對於教育的論述中，也可發現他們希望將生番教育與馴化成和漢人一樣有用的人民。這是因為作者們以帝國之眼來看待生番，認為生番與一般人民之間存有差異，所以才需藉由帝國的馴化來減少生番與一般人民之間的差異。

　　第二，就二元對立的論述模式而言，由於台灣清治末期散文的作者，大多是以帝國之眼來觀看台灣，所以在論述上也就有一定的取向與模式。這種帝國之眼觀看下的論述取向，洪健榮也有相關的探討。洪健榮是以清修台灣方志為例，指出風俗門類的論述取向，反映了清代理台官員或纂志人員的認知中，台灣移墾社會應然或實然的風俗現象。而修志人員基於官方統治的需要，便以福建內地的風俗作為理想型的樣版，為邊陲的台灣提供漢化的藍圖，進而塑造與內地一體相連的社會形象，並由此彰顯大清帝國同風共俗的政治文化觀。因此，論述的焦點就呈現出一般性（如圖6－1）。〔註3〕

圖6－1 清修台灣方志風俗門類的一般性論述取向〔註4〕

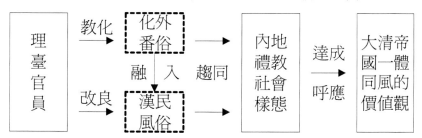

清修台灣方志風俗門類的論述取向是如此，其他一般的散文中也有此論述取向。若檢視清人（官員及文人）的散文，可以發現其中也有教化化外之番、改善漢民風俗，以與內地趨同之論述取向。至於外國人所寫之散文，雖然台灣當時非歐美之帝國所統治，但是在他們的散文中也有一論述取向：要與基督教或天主教教義趨同。由於清人及外國人此一論述取向，造成他們在論述上大多呈現出二元對立（binary opposition）的論述模式。例如：就清人的論述而言，在台灣地位此一議題上，呈現出重要／不重要的二元對立；在

〔註3〕洪健榮：〈清修臺灣方志「風俗」門類的理論基礎及論述取向〉，頁148。
〔註4〕同上註，頁149。

洋務運動的議題上，呈現出辦理／不辦理、船堅砲利可靠／不可靠、花費鉅款值得／不值得等二元對立；教育的議論方面，則呈現出文風好／壞、教化足／不足之二元對立。

在礦產的開採及植物的栽植與砍伐之議題上，呈現出辦理／不辦理、有利／無利、利益留與本國／外國奪去之二元對立；國際貿易的議題，則呈現出正面／負面影響之二元對立；內部控制的評論，則是好／壞之二元對立。至於民情風俗的書寫，則是呈現王化／化外、文明／野蠻、善風／陋俗、美俗／惡習……等二元對立。此外，在許多議題上，更是呈現出帝國的中心／邊陲之二元對立。而外國人的論述中，也有多處呈現出二元對立的模式。例如，清帝國之統治對原住民的影響，呈現出好／壞的二元對立；評論台灣的教育制度、教學方式，呈現出進步／落後、好／壞的二元對立；內部控制的評論，也是好／壞的二元對立。而在民情風俗方面，也如同清人的論述，呈現出理性／迷信、文明／野蠻、善風／陋俗……等二元對立。

不過要特別強調的是，清治末期散文作者的論述模式，並非完全都是二元對立的，只是二元對立的情形佔大多數。仍然有些作者的論述，並非是全然二元對立的。例如唐贊袞在開礦的議題上，並非一味地認為開礦是有利或無利而加以支持或反對，而是認為雖然無利但仍應該開礦。又例如馬偕對於漢人拜祖先，也非評為完全的好或壞，而是壞中有好。諸如此類，皆為非二元對立的論述模式之情形。

而論述中也隱含許多不同系統的規則，這些規則基本上是透過分類機制、權力關係與知識系統來操作的。所以，權力與知識之間的關係，多半是透過「論述」來進一步深化與傳達。因為透過權力，可以決定何者是該被認知的「真理」、誰有權得知、什麼是合法的……等，以排除與馴服不具備知識的對象與客體物。此外，論述背後也存在著一種意圖支配他人、建構制式知識且排他性極強的「真理意志」，並藉由知識體系與社會機構，來形成論述之主體位置與「權力意志」，而使知識成為某種普同概念及合法的產物，以便創建效用及理性與懲戒的規訓。〔註5〕以此觀點來看清治末期散文中的二元對立論述模式，同樣也存在著權力的操作。透過文本，可以發現台灣的民情風俗、

〔註 5〕廖炳惠：《關鍵詞 200：文學與批評研究的通用詞彙編》，頁 85～87。

文風、教化等，在清國與外國的作者眼中，大多是較偏向負面的。〔註6〕也就是這些作者藉由論述來決定台灣哪些方面是好的，又有哪些方面是不好的。而清人與外國人對於台灣相關文化的美惡之判斷標準，則分別主要是儒家禮教及耶穌基督之教義，若符合此一標準就是優良的。諸如此類，皆是透過論述來深化權力與知識之間的關係。

　　第三，就初具現代性的社會圖像而言，現代性（modernity）的出現，是由於啟蒙和工業革命的來臨，導致在經濟、社會和文化上產生變遷，而使得人們以「進步」作為理想和目標的所在。因此，所謂現代性，即「什麼是具有現代特徵，……是一種具有歷史意義的差異狀況」。或者說現代性就是現代社會或工業文明的簡稱，它涉及對世界的一系列態度、關於現實世界向人類干預所造成的轉變開放的想法，還有複雜的經濟制度（特別是工業生產和市場經濟），以及一系列的政治制度。紀登斯（Anthony Giddens）提到現代性有四個基本制度面：資本主義、監視（即訊息的構成，也就是行政管理權力體系的途徑）、工業主義，以及軍事實力。其中軍事實力一項，是指 18 世紀末開始，不僅戰爭規模擴大，而且軍隊的性質也發生了變化。而在現代性的其他特徵影響下，軍事技術也改變了，變得很像一種機器類的東西。此外，現代性的出現，首先是一種現代經濟秩序，即資本主義經濟秩序的創立。資本主義對較大的現代性框架具有核心重要性。〔註7〕

　　從台灣清治末期的散文中，可看出當時已初步具有現代性。例如在洋務運動關於槍砲與輪船的論述中，可以發現有官員及文人主張要製造槍砲與輪船。原因無他，因為武器日益精進，傳統的武器已不足以對抗西方的新式武器，所以才有主張學習西方製造新式武器之論述。也就是說在清治

〔註6〕 此處所言，並非是指清治末期散文中的政治教育、產業經濟及民情風俗等論述全為負面的，而是以多數的論述傾向來說。實際上，也是有正面論述之書寫。例如，F（英國人，姓名不詳）就稱讚台灣原住民誠實、純真、漂亮……等；又或者艾比斯（Paul Ibis）稱讚漢人友善誠實，與他們做生意很可靠。F：〈深入福島內部之旅〉，收於費德廉、羅效德編譯：《看見十九世紀臺灣——十四位西方旅行者的福爾摩沙故事》，頁 149～152；艾比斯（Paul Ibis）：〈福爾摩沙：民族學遊誌〉，收於費德廉、羅效德編譯：《看見十九世紀臺灣——十四位西方旅行者的福爾摩沙故事》，頁 187。此外，這種負面評價多於正面評價之論述傾向，在清修台灣方志的風俗門類中，亦是如此。洪健榮：〈清修臺灣方志「風俗」門類的理論基礎及論述取向〉，頁 140～143。

〔註7〕 Anthony Giddens，Christopher Pierson 著，尹宏毅譯：《現代性：紀登斯訪談錄》（台北：聯經，2002），頁 xiv、69～72。

末期的時空環境，要因應戰爭的特性便需要速度快、精準、火力強……等特性的武器，所以才要學習西方之新式武器。因此在這些論述中，蘊涵著現代性。

而電線的架設與鐵路的修築也同樣具有現代性。在現代社會，訊息的傳遞速度相當重要。因此，有別於傳統設駁站，電報提供了快速的傳遞訊息方式。不僅訊息的傳遞速度很重要，人及貨物的運輸速度，在現代社會中也同樣受到重視。而鐵路的修築便在當時提供了商務、軍事、一般旅行……等各方面，一個較為快速的選擇。有了鐵路此一便利性的設施，在使用上更須要有一定的規範。試想若火車能在中途任意停車上下客、貨，那麼只是徒有鐵路此一建設而已，現代性仍舊不足。所以在當時的「臺灣鐵路章程」中，即明訂火車須至車站方能停車，不許在中途停留。也就是說在現代社會，對於一些現代設施的使用，須遵守一定的規則。

此外，就現代性的出現首先是資本主義經濟秩序的創立來看，清治末期的台灣，隨著通商口岸的開放、國際貿易的發展，資本主義也隨之影響台灣。在當時開礦、提煉樟腦，或是發展國際貿易的議論中，皆可發現有「爭利」的論述，也就是與外人爭利。而貨物交易的媒介是貨幣，貨幣對於經濟秩序的良好與否會有所影響。台灣清治末期散文中關於國際貿易的評論，也有對於貨幣的論述：貨幣鑄造品質的良莠不齊，會對經濟秩序造成影響。此論述亦蘊涵現代性，也就是現代的經濟秩序有賴穩定品質的貨幣來維持。另外，在清治末期的散文中，亦有加強內部控制的論述，這當中亦可看出現代性。因為在資本主義經濟下，內部控制亦相當重要。有良好的內部控制，方能有效地減少舞弊之發生，以防止利益的喪失。以上皆可看出清治末期的台灣，已初步具有現代性的社會圖像。

另外，就同一作者的不同論述之間是否具有一致性的情形而言，整體來說幾乎都有一致性，但是仍有少數的例外。例如丁紹儀在評述原住民的禮儀時，是站在原住民為化外之民的立場來評論，所以丁紹儀對原住民的評述也就往往是負面的，像是原住民無婚姻之禮、衣著也不符禮教等。但是，他卻稱讚原住民喪俗有古人「里有殯，不巷歌」之美風。造成這樣的差異，是因為丁紹儀是以儒家禮教的觀點來作為評論的標準，所以才會稱讚原住民的喪俗有古人之美風。而蔣師轍也有類似丁紹儀的情形。此外，同樣是迷信，唐贊袞駁斥地震主奸民為亂的說法是亂人心之浮言，但是對人產蛇是因其丈夫

殺生過多的果報之說法，卻未加以批判。造成此二者之間的差異，則是由於唐贊袞的身分——也就是官員所導致。

而在未來展望方面，本文是針對 1871～1895 年，台灣散文中的政治與教育、產業經濟，以及民情風俗等三個面向的論述，加以探討。由於文化的面向很廣，所以除了本文所探討的三個面向外，此時期的散文仍有許多文化的面向可供繼續探究。像是在清治末期的散文中，有許多關於原住民的書寫，這些書寫或出於清人之手，或出於外國人之手。因此可以特別針對此時期原住民書寫此一主題，加以探討當時的原住民文化。

此外，本文是透過共時性的（synchronic）研究，只針對 1871～1895 年此 25 年間的台灣散文，加以探討。所以在後續的研究上，也可以歷時性的（diachronic）研究方式，來比較不同時期散文中的文化論述，例如日治時期便是一個可以延伸來比較、探討的時期。1895 年台灣割讓給日本，此後 50 年台灣的統治權由清帝國改爲日本帝國掌握。隨著日本的統治，不同的文化移入台灣，所以可以將日治時期的散文與清治末期的散文加以比較，藉以考察台灣的文化有何變遷。

另外，目前對於日治時期文人的文明與現代性之體驗，已累積不少的研究成果。然而，對於文明與現代性的體驗，清治末期的文人也有。雖然這方面的書寫未若日治時期來得多，但是仍可加以比較。例如：日治時期許多傳統文人都有搭乘火車的經驗及相關的書寫，但是，清治末期的池志澂在其《全臺遊記》中，亦有搭乘火車經驗的書寫。這就可以提供一個比較的主題：比較清治末期與日治時期文人對火車的看法，以及搭乘火車的經驗有何不同。又例如日治時期的傳統文人，也有對於電線（電報）的書寫。同樣地，這也可以與清治末期散文中的電線（電報）書寫，相互比較。〔註8〕此外，又像是對於身體觀的看法，或是兩性與婚戀的議題〔註9〕，在清治末期的散文中亦有相關的論述。

〔註 8〕　有關日治時期傳統文人對於火車及電線（電報）的書寫，可參見李毓嵐：《世變與時變——日治時期臺灣傳統文人的肆應》（台北：臺灣師範大學歷史研究所博士論文，2008），頁 179～183、187。

〔註 9〕　日治時期傳統文人對於身體觀的看法，可參見黃美娥：《重層現代性鏡像：日治時代臺灣傳統文人的文化視域與文學想像》（台北：麥田，2004），頁 171～173。而日治時期兩性與婚戀議題的書寫，則可參見吳宗曄：《《臺灣文藝叢誌》（1919～1924）傳統與現代的過渡》（台北：臺灣師範大學台文所碩士論文，2009），頁 149～156。

　　而除了可以將清治末期與日治時期的散文做一歷時性的考察外，清治前期與中期的散文，也可與清治末期做一歷時性的考察。例如，清治中期也有外國人來台且有留下散文，像是史溫侯（Robert Swinhoe）、必麒麟（William Alexander Pickering）等人，那麼便可將清治中、後期外國人的散文做歷時性的考察。諸如以上所述之各議題，皆可作爲後續歷時性考察的探究焦點。

參考書目

一、散文文本、史料與類書

散文文本

1. 丁紹儀：《東瀛識略》（台灣文獻叢刊 2 種），台北：臺灣銀行經濟研究室，1957 年。

2. 史久龍：《憶臺雜記》，方豪重抄本，1996 年。

3. 池志澂：《全臺遊記》，收於臺灣銀行經濟研究室編：《臺灣遊記》（台灣文獻叢刊 89 種），台北：臺灣銀行經濟研究室，1960 年。

4. 李春生：《主津新集》，收於李明輝、黃俊傑、黎漢基編：《李春生著作集（第二冊）》，台北：南天，2004 年。

5. 沈葆楨：《福建臺灣奏摺》（台灣文獻叢刊 29 種），台北：臺灣銀行經濟研究室，1959 年。

6. 佐倉孫三著，林美容編：《白話圖說臺風雜記》，台北：台灣書房，2007 年。

7. 林豪：《東瀛紀事》（台灣文獻叢刊 8 種），台北：臺灣銀行經濟研究室，1957 年。

8. 林維朝著，陳素雲主編：《林維朝詩文集》，台北：國史館，2006 年。

9. 吳子光：《臺灣紀事》（台灣文獻叢刊 36 種），台北：臺灣銀行經濟研究室，1959 年。

10. 吳子光：《一肚皮集》，收入黃哲永、吳福助主編：《全臺文（第 10～14 冊）》，台中：文听閣圖書，2007 年。

11. 吳德功：《戴施兩案紀略》（台灣文獻叢刊 47 種），台北：臺灣銀行經濟研究室，1959 年。

12. 洪棄生：《寄鶴齋古文集》，收於黃哲永、吳福助主編：《全臺文（第 18
～19 冊)》，台中：文听閣圖書，2007 年。

13. 胡傳：《臺灣日記與稟啓》（台灣文獻叢刊 71 種），台北：臺灣銀行經濟
研究室，1960 年。

14. 施士洁：《後蘇龕合集》（台灣文獻叢刊 215 種），台北：臺灣銀行經濟研
究室，1965 年。

15. 施士洁：《後蘇龕文稿》，收於黃哲永、吳福助主編：《全臺文（第 9 冊）》，
台中：文听閣圖書，2007 年。

16. 施琅：《靖海紀事》（台灣文獻叢刊 13 種），台北：臺灣銀行經濟研究室，
1958 年。

17. 唐贊袞：《臺陽見聞錄》（台灣文獻叢刊第 30 種），台北：臺灣銀行經濟
研究室，1958 年。

18. 唐贊袞：《臺陽見聞錄》，台北：成文出版社，1983 年。

19. 馬偕（George Leslie MacKay）著，林晚生譯：《福爾摩沙紀事：馬偕台
灣回憶錄》，台北：前衛，2007 年。

20. 陶德（John Dodd）著，陳政三譯述：《北台封鎖記——茶商陶德筆下的
清法戰爭》，台北：原民文化，2002 年。

21. 費德廉、羅效德編譯：《看見十九世紀臺灣——十四位西方旅行者的福爾
摩沙故事》，台北：如果出版社、大雁文化，2006 年。

22. 蔣師轍：《臺游日記》（台灣文獻叢刊 6 種），台北：臺灣銀行經濟研究室，
1957 年。

23. 劉銘傳：《劉壯肅公奏議》（台灣文獻叢刊 27 種），台北：臺灣銀行經濟
研究室，1958 年。

24. 劉璈：《巡臺退思錄》（台灣文獻叢刊 21 種），台北：臺灣銀行經濟研究
室，1958 年。

25. 羅大春：《臺灣海防並開山日記》（台灣文獻叢刊 308 種），台北：臺灣銀
行經濟研究室，1972 年。

26. 冀柴：《臺灣小志》，收於《臺灣文獻匯刊（第五輯第三冊)》，廈門：廈
門大學出版社，2004 年。

史料與類書

1. 陳元靚：《歲時廣記》，台北：新興，1977 年。

2. 陳文達：《鳳山縣志》，台北：大通，1987 年。

3. 臺灣銀行經濟研究室編：《籌辦夷務始末選輯補編》（台灣文獻叢刊 236
種），台北：臺灣銀行經濟研究室，1967 年。

4. 臺灣銀行經濟研究室編：《臺灣番事物產與商務》（原書名《臺灣生熟番紀事》），南投：臺灣省文獻委員會，1994 年。

5. 謝金鑾：《續修臺灣縣志》，台北：大通，1987 年。

二、近人研究專書與工具書

中文專書

1. 王娟：《民俗學概論》，北京：北京大學出版社，2002 年。

2. 王詩琅著，張良澤編：《清廷臺灣棄留之議》，台北：海峽學術，2003 年。

3. 王德威編選：《臺灣：從文學看歷史》，台北：麥田，2005 年。

4. 王學新譯：《風港營所雜記》，南投：國史館台灣文獻館，2003 年。

5. 李亦園：《田野圖像：我的人類學生涯》，台北：立緒文化，1999 年。

6. 林淑慧：《臺灣文化采風：黃叔璥及其《臺海使槎錄》研究》，台北：萬卷樓，2004 年。

7. 林淑慧：《台灣清治時期散文的文化軌跡》，台北：台灣學生，2007 年。

8. 林淑慧：《禮俗・記憶與啓蒙——臺灣文獻的文化論述及數位典藏》，台北：台灣學生，2009 年。

9. 林滿紅：《四百年來的兩岸分合：一個經貿史的回顧》，台北：自立晚報文化出版部，1994 年。

10. 林滿紅：《茶、糖、樟腦業與臺灣之社會經濟變遷》，台北：聯經，1997 年。

11. 邱坤良：《舊劇與新劇：日治時期臺灣戲劇之研究，一八九五—一九四五》，台北：自立晚報，1992 年。

12. 洪安全總編：《清宮洋務始末臺灣史料》，台北：故宮博物院，1999 年。

13. 唐羽：《基隆顏家發展史》，南投：國史館臺灣文獻館，2003 年。

14. 陳其南：《臺灣的傳統中國社會》，台北：允晨，1989 年。

15. 郭廷以：《臺灣史事概說》，台北：正中書局，1996 年。

16. 黃俊郎：《禮儀之邦的寶典——禮記》，台北：黎明文化，1993 年。

17. 黃美娥：《重層現代性鏡像：日治時代臺灣傳統文人的文化視域與文學想像》，台北：麥田，2004 年。

18. 黃哲永、吳福助主編：《全臺文》，台中：文听閣圖書，2007 年。

19. 黃嘉謨：《美國與臺灣》，台北：中央研究院近代史研究所，1966 年。

20. 張世賢：《晚清治臺政策：同治十三年至光緒二十一年》，台北：東吳大學中國學術著作獎助委員會，1978 年。

21. 張珣：《疾病與文化：台灣民間醫療人類學研究論集》，台北：稻香，2004 年。

22. 廖炳惠：《關鍵詞 200：文學與批評研究的通用詞彙編》，台北：麥田，2003 年。

23. 增田福太郎著，黃有興譯：《臺灣宗教論集》，南投：省文獻會，2001 年。

24. 鄭樑生：《中日關係史》，台北：五南，2001 年。

25. 戴炎輝：《清代臺灣之鄉治》，台北：聯經，1979 年。

26. 薛化元：《臺灣開發史》，台北：三民，1999 年。

27. 藤崎濟之助著，全國日本經濟學會譯：《臺灣史與樺山大將──日本侵臺始末》，台北：海峽學術出版社，2003 年。

28. Anthony Giddens，Christopher Pierson 著，尹宏毅譯：《現代性：紀登斯訪談錄》，台北：聯經，2002 年。

29. Benedict Anderson（班納迪克‧安德森）著，吳叡人譯：《想像的共同體：民族主義的起源與散布》，台北：時報文化，1999 年。

30. Chris Jenks 著，王淑燕、陳光達、俞智敏譯：《文化》，台北：巨流，1998 年。

31. James W. Davidson 著，蔡啓恆譯：《臺灣之過去與現在》（台灣研究叢刊107 種），台北：臺灣銀行經濟研究室，1972 年。

32. J. G. Frazer 著，汪培基譯：《金枝：巫術與宗教之研究》，台北：久大、桂冠，1991 年。

33. Robert J. C. Young 著，周素鳳、陳巨擘譯：《後殖民主義──歷史的導引》，台北：巨流，2006 年。

外文專書

1. Alvin A. Arens，Randal J. Elder and Mark S. Beasley，*Auditing and Assurance Services：An Integrated Approach*，10th ed.，New Jersey：Pearson Education Inc.，2005.

2. Carol R. Ember and Melvin Ember，*Cultural Anthropology*，12th ed.，New Jersey：Pearson Education Inc.，2007.

3. N. Gregory Mankiw，*Principles of Economics*，3rd ed.，Ohio：South-Western，2004.

4. Emma Jinhua Teng，*Taiwan's Imagined Geography：Chinese Colonial Travel Writing and Pictures，1683～1895*，Taipei：SMC Publishing Inc.，2005.

工具書

1. 許雪姬總策畫：《臺灣歷史辭典》，台北：文建會，2004 年。

2. 審計準則委員會：《審計準則公報及審計實務指引（合訂本）》，台北：財團法人中華民國會計研究發展基金會，2008 年。

3. 羅竹風主編：《漢語大詞典》，台北：台灣東華，1997 年。

三、學位論文

1. 車相協：《中日修好條約之研究》，台北：臺灣師範大學歷史研究所碩士論文，1985 年。

2. 李毓嵐：《世變與時變——日治時期臺灣傳統文人的肆應》，台北：臺灣師範大學歷史研究所博士論文，2008 年。

3. 林淑慧：《黃叔璥及其《臺海使槎錄》研究》，台北：臺灣師範大學國文研究所碩士論文，1999 年。

4. 林淑慧：《台灣清治時期散文發展與文化變遷》，台北：臺灣師範大學國文研究所博士論文，2004 年。

5. 林滿紅：《清末社會流行吸食鴉片研究——供給面之分析（1773～1906）》，台北：臺灣師範大學歷史研究所博士論文，1985 年。

6. 吳宗曄：《《臺灣文藝叢誌》（1919～1924）傳統與現代的過渡》，台北：臺灣師範大學台文所碩士論文，2009 年。

7. 吳映華：《黑旗軍與中法越南之爭執》，台北：臺灣師範大學歷史研究所碩士論文，1983 年。

8. 邱子銘：《晚清台灣開山「撫番」政策（1874～1895）》，台中：中興大學歷史所碩士論文，2006 年。

9. 施志汶：《清康雍乾三朝的治台政策》，台北：臺灣師範大學歷史研究所博士論文，2001 年。

10. 施懿琳：《清代臺灣詩所反映的漢人社會》，台北：臺灣師範大學國文研究所博士論文，1991 年。

11. 洪健榮：《清代臺灣社會的風水習俗》，台北：臺灣師範大學歷史研究所博士論文，2003 年。

12. 黃曉玲：《晚清治臺政策演變與臺灣政經社會發展（1874～1875）》，宜蘭：佛光大學政治所碩士論文，2007 年。

13. 張炎憲：《清代治台政策之研究》，台北：臺灣大學歷史研究所碩士論文，1974 年。

14. 張勝彥：《台灣建省之研究》，台北：臺灣大學歷史研究所碩士論文，1972 年。

15. 楊永智：《晚清臺南刻書研究》，台中：東海大學中文所碩士論文，2001 年。

16. 楊慶平：《清末臺灣的「開山撫番」戰爭（1885～1895）》，台北：政治大學民族學研究所碩士論文，1995 年。

17. 劉妮玲：《清代臺灣民變研究》，台北：臺灣師範大學歷史研究所碩士論文，1982 年。

18. 賴淙誠：《清越關係研究——以貿易與邊務為探討中心（1644～1885）》，台北：臺灣師範大學歷史研究所博士論文，2004 年。

19. 戴寶村：《清季淡水開港之研究（1860～1894）》，台北：臺灣師範大學歷史研究所碩士論文，1983 年。

20. 戴寶村：《近代台灣港口市鎮之發展——清末至日據時期》，台北：臺灣師範大學歷史研究所博士論文，1988 年。

21. 謝文華：《清末買辦商人的價值取向》，台北：臺灣師範大學歷史研究所碩士論文，1995 年。

22. 蘇志誠：《日併琉球與中日琉案交涉》，台北：臺灣師範大學歷史研究所碩士論文，1983 年。

四、期刊、會議論文

1. 李文良：〈晚清臺灣清賦事業的再考察——「減四留六」的決策過程與意義〉，《漢學研究》24 卷 1 期（2006 年 6 月），頁 387～416。

2. 李世偉：〈清末日據時期臺灣的士紳與鸞堂〉，《臺灣風物》46 卷 4 期（1996 年 12 月），頁 111～143。

3. 李豐楙：〈臺灣慶成醮與民間廟會文化——一個非常觀狂文化的休閒論〉，收入《寺廟與民間文化研討會論文集（上冊）》（台北：文建會，1995），頁 41～64。

4. 李豐楙：〈儀式、演劇與祭祀〉，《傳統藝術》44 期（2004 年 7 月），頁 8～12。

5. 李豐楙、謝宗榮：〈臺灣信仰習俗概說〉，《國立歷史博物館館刊》67 期（1999 年 2 月），頁 24～32。

6. 呂實強：〈論洋務運動的本質〉，《中央研究院近代史研究所集刊》20 期（1991 年 6 月），頁 71～89。

7. 何根海：〈七夕風俗的文化破譯〉，《歷史月刊》127 期（1998 年 8 月），頁 106～112。

8. 林子候：〈清代臺灣與美國的接觸和難船事件〉，《臺灣文獻》28 卷 3 期（1977 年 9 月），頁 55～72。

9. 林美容：〈臺灣民間信仰的分類〉，《漢學研究通訊》10 卷 1 期（1991 年 3 月），頁 13～18。

10. 林美容：〈台灣民俗宗教文化的社會圖像〉，收入《何謂台灣？——近代台灣美術與文化認同論文集》（台北：行政院文建會，1997），頁 56～68。

11. 林淑慧：〈清末台灣政經思想——以文人論述為主軸〉，收入莊萬壽編：《第四屆台灣文化國際學術研討會論文集》（台北：台師大台文所，2005），頁 91～108。

12. 林榮澤：〈「城隍」在漢人社會中的角色及其功能——以日據時期臺北大稻埕的霞海城隍祭爲例〉，《中國歷史學會史學集刊》32 期（2000 年 7 月），頁 233～271。

13. 吳文星：〈清季李春生的自強思想——以臺事議論爲中心〉，收於李明輝編：《李春生的思想與時代》（台北：正中，1995），頁 109～138。

14. 吳文星：〈清季李春生的自強思想——以變革圖強議論爲中心〉，收於李明輝編：《李春生的思想與時代》（台北：正中，1995），頁 139～163。

15. 吳奇浩：〈清代臺灣之奢靡風氣〉，《臺灣史研究》12 卷 2 期（2005 年 12 月），頁 35～74。

16. 吳福蓮：〈台灣民間的交感巫術信仰〉，《歷史月刊》132 期（1999 年 1 月），頁 42～50。

17. 洪健榮：〈塑造境域「佳城」：清代臺灣設治築城的風水考量〉，《臺北文獻》直字 155 期（2006 年 3 月），頁 45～113。

18. 洪健榮：〈清修臺灣方志「風俗」門類的理論基礎及論述取向〉，《中國歷史學會史學集刊》32 期（2000 年 7 月），頁 119～154。

19. 許俊雅：〈回顧與前瞻——近二十年來臺灣古典文學研究述評〉，《漢學研究通訊》25 卷 4 期（2006 年 11 月），頁 33～46。

20. 許賢瑤：〈日治時代臺灣包種茶的生產與交易〉，《臺北文獻》直字 151 期（2005 年 3 月），頁 137～173。

21. 陳哲三：〈臺灣建省之際的清賦事業及其與南投縣之關係〉，《臺灣文獻》49 卷 4 期（1998 年 12 月），頁 33～68。

22. 莊吉發：〈從故宮檔案看清代台灣行政區域的調整〉，《臺灣文獻》49 卷 4 期（1998 年 12 月），頁 127～142。

23. 黃秀政、黃文德：〈首任臺灣巡撫劉銘傳去職研究〉，《臺灣文獻》49 卷 4 期（1998 年 12 月），頁 9～24。

24. 黃美娥：〈台灣古典文學史概說（1651～1945）〉，《臺北文獻》直字 151 期（2005 年 3 月），頁 215～269。

25. 張世賢：〈岑毓英治臺政績〉，《臺灣文獻》28 卷 1 期（1977 年 3 月），頁 107～117。

26. 彭喜豪：〈臺北府城理氣佈局之星宿立向研究〉，《臺北文獻》直字 151 期（2005 年 3 月），頁 305～344。

27. 湯熙勇：〈論清康熙時期的納臺爭議與臺灣的開發政策〉，《臺北文獻》直字 114 期（1995 年 12 月），頁 25～53。

28. 廖炳惠：〈旅行、記憶與認同〉，《當代》175 期（2003 年 3 月），頁 84～105。

29. 廖漢臣：〈鴉片戰爭與臺灣疑獄〉，《臺灣文獻》16 卷 1 期（1965 年 3 月），頁 24～52。

30. 廖藤葉：〈清代遊宦官員古典詩中的臺灣中元節〉，《歷史月刊》175 期（2002 年 8 月），頁 97～102。

31. 謝宗榮：〈大龍峒保安宮癸未年三朝慶成醮醮典行事（上）〉，《臺北文獻》直字 153 期（2005 年 9 月），頁 159～200。

五、網路資源

1. 中研院臺史所臺灣文獻叢刊資料庫：
   http://www.sinica.edu.tw/ftms-bin/ftmsw3。

2. 羅鳳珠主持智慧型全臺詩知識庫：
   http://cls.hs.yzu.edu.tw/TWP/b/b02.htm。

3. Formosa：19th Century Images：http://academic.reed.edu/formosa/。